政治學概要

呂亞力 著

學歷：美國印地安納大學哲學博士(專修政治學)
經歷：國立臺灣大學政治學系教授
現職：中國文化大學政治學系專任教授兼系主任

三民書局印行

國家圖書館出版品預行編目資料

政治學概要／呂亞力著.－－修訂二版五刷.－－臺
北市；三民，2008
　　面；　　公分
　　參考書目：面
　　ISBN 957–14–0202–8　（平裝）

　1.政治

570　　　　　　　　　　　　　　　　　　80002038

ⓒ　政治學概要

著作人	呂亞力
發行人	劉振強
著作財產權人	三民書局股份有限公司 臺北市復興北路386號
發行所	三民書局股份有限公司 地址／臺北市復興北路386號 電話／(02)25006600 郵撥／0009998–5
印刷所	三民書局股份有限公司
門市部	復北店／臺北市復興北路386號 重南店／臺北市重慶南路一段61號

初版一刷　1987年9月
修訂二版五刷　2008年6月
編　　號　S 570650
定　　價　新臺幣220元
行政院新聞局登記證局版臺業字第○二○○號

ISBN　957–14–0202–8　（平裝）

http://www.sanmin.com.tw　三民網路書店

政治學概要　目次

第一章　概　論

政治學的涵義、範圍與研究途徑：關於政治學的涵義，有幾種說法：(1) 國父：政是衆人之事，治是管理，故管理衆人之事，卽是政治。而研究管理衆人之事的學問，就是政治學。(2) 政治學爲國家之學，國家爲政治學的研究主題。(3) 政治學爲政治制度（含政府）之學：研究政府的原理與行爲。(4) 政治學爲政策科學。(5) 政治學研究人類政治行爲。 第二次大戰前， 政治學爲傳統政治學（舊）， 目前重點爲行爲政治學（新），新舊之差異，有理論取向與研究途徑兩方面之分：就前者而言，以往理論大多爲規範性。重視政治生活的價值，目前爲實證性，着重政治生活的現象之解釋。就後者而言，以往着重文件之分析。現在則使用行爲科學的方法與技術，如問卷法、訪問法、模擬法……等。就政治性的定向概念而言，自十九世紀以來，有三個發展時期，卽國家概念、權力概念與政策概念；國家概念爲十九世紀末至第一次世界大戰之前的政治學定向概念。研究對象爲國家的起源、分類及性質、政府類型及結構；憲法之權力爲第二期的定向

概念，於第二次大戰期，研究主要對象爲權力的形成、分配與執行。政策爲最近的定向概念，研究政策制定的過程。

　　政治學的行爲途徑：以行爲主義途徑研究政治學始於一九三〇年代芝加哥學派，於第二次大戰後流行。行爲主義者認爲傳統政治學者的研究方法不夠嚴謹、不夠科學化，他們主張以研究自然科學的方法來研究政治學，以尋求政治現象的普遍性法則，政治學的研究應以政治行爲爲題材，研究者的價值判斷應與實證發現嚴格劃分。優點爲行爲研究擴大了政治學的範圍，以各種新的研究方法與技術，獲得許多新的知識，其缺點爲過份重視實證研究，使學者忽略了許多無法使用此途徑研究的重要課題。

　　動態政治學：近年來政治學研究，不僅重視制度等靜態的分析，而且重視政治過程的動態研究，如朋特萊的政府過程均以「過程」的動態觀點來研究政治現象。故有動態政治學的說法。

第二章　民族國家

　　研究政治，一個良好的起點是瞭解國家與民族的概念及其涵義。由於至少至目前為止，政治權力的行使，仍以國家為主要的單位，國際間的對抗與衝突大多是國家與國家間的對抗與衝突，而所謂某一國際集團與另一國際集團間的紛爭（如北大西洋公約組織與華沙公約組織）也不過是一組國家與另一組國家間的；每一個人，不論自己願不願意，一生下來就必須隸屬於一個國家，受該國政府的管轄、治理、保護、照顧、服務或「剝削」；國家的觀念，是最普遍深入人心的，一切政府也都在盡力追求增強人民的國家認同感與效忠的意識。現代國家，大多是所謂民族——國家（nation- state），在原則上，這是以一個民族建立一個國家為「理想」的型態，在實際上，現今世上一百九十餘國家當中，只有部分符合這個理想型態❶。儘管如此，我們仍把現代國家看作民族國家，今日的國際體系為一個民族國家的體

---

❶　大多數國家都有少數民族，其中有些為多元民族的國家，其多數民族與少數民族人數差異甚小。

系。

壹 民族國家體系

「民族國家」的出現是比較晚近的，在十五世紀以前，並無這種型態的國家。

民族國家最早出現於歐洲，英國與法國可說是最早的「民族國家」，這些國家的興起是由於十五世紀末葉至十六世紀初葉時，封建勢力趨於沒落，工商業者渴望消除國內的封建勢力以利工商業的發展，並希望國力保護以與外國競爭，紛紛支持君主權力的增強，君主則儘量利用此種支持來削弱封建勢力，並增強自己地位。新教改革也有利於民族國家的興起，此可從兩方面來說：一方面新教改革激起的宗教鬥爭，把歐洲分裂爲二：南部舊教，北部新教，在若干國家，新教與舊教徒間的鬥爭不息，君主爲鎭壓此種衝突，並鞏固其地位，往往設定國教，並以自己爲國教政策的執行者，此不僅削弱了教廷與教士的影響力，而且給予自己統制人民思想的權威，此權威的運用使全國人民在基本信仰上趨於一致，對產生共同的認同感貢獻甚大；其二新教改革者欲信徒與上帝直接溝通，不假手於舊教教士，都着手以當地白話翻譯聖經，以代替拉丁文的聖經，此刺激白話運動的發展，白話漸漸演變爲國語，白話文學成爲國語文學，各個民族都擁有自己引以爲傲的民族詩人，如英之喬叟 (Chaucer)，意之但丁 (Dante) 等。

　　十六世紀時，歐洲已形成一個以民族國家爲單位的國際體系，對精英份子而言，民族主義已經成爲一種有力的意識型態，但一般民衆雖已有民族認同感，但尙未具有強烈的民族意識，此一意識的產生，乃是法國大革命與拿破崙戰爭的產物。

　　法國爲較早出現的民族國家，但卽使在法國，強烈的全民民族意識也要等到十八世紀末葉至十九世紀初葉才產生。法國大革命後，新建立的共和政權爲歐洲各國的君主政權的聯軍圍攻，爲求自保，革命政府決定激起法國人民的民族意識，高漲的民族意識產生了近代意義的民族主義，成爲民族國家的精神支柱。

　　十九世紀之時，亞非兩洲都已成爲歐美各國的殖民地與保護國，少數未成爲殖民地的國家，如我國、日本、暹羅（今稱泰國）與所謂非洲三個「獨立國家」❷ 也都在列強勢力籠罩之下苟延殘喘。

　　亞非地區成爲殖民地或屬國後，其知識份子受到西化教育，也感染了西方傳入的民族主義，而發爲獨立運動；亞非國家的紛紛獲得獨立，始於第一次世界大戰結束後至一九六〇年代末期殖民主義沒落，目前全球已出現一百九十餘獨立國家。這一百八十餘國家，在國際法的地位，是大致上平等的❸。但在政治地位上，差距極大。可大

❷　卽埃及、阿比西尼亞（現改名爲衣索匹亞），與賴比瑞亞，其實十九世紀時，這些國家僅名義上獨立，事實上都未充分獨立。

❸　由於聯合國安理會的常任理事制與否決權規定，其國際法地位並不完全平等。

致分爲四個等級: 美國是超級強國 （superpower），經濟、軍事力量都甚龐大， 科技據於領先之地位， 對世界具有極大的影響力； 其次， 有少數區域性強國或大國； 有些因在科技與經濟生產能力方面居於領先地位，有相當影響力， 如英、 法、 德、 日等； 有的因領土廣大， 人口衆多， 如印度、印尼、巴西……等都是國際社會具有相當影響力， 尤其在其所據的區域扮演舉足輕重的地位；第三級爲一般的國家， 凡人口在三百萬以上而不屬以上兩類者皆屬之，這些國家由於資源、科技、生產能力……的不同， 政治地位也不相等， 但高者也不能與以上兩類相匹， 低者也大致無足輕重，毫無地位。最後一級爲迷你國家 （mini state）， 有的爲城邦國家， 如新加坡； 有的爲島嶼國家，如南太平洋的一些國家如東加王國、諾魯……這些國家的大量出現， 是當代國際政治上特殊的現象，也是「民族國家」觀念的間接影響造成的。

這一百八十餘國構成一個互動的國際社會，這就是我們今日的民族國家體系。當前的民族國家體系面臨了一種嶄新的情勢。一方面，「民族國家」的觀念在一九六〇年代，可說在全球獲得普遍的實踐，殖民地極大多數已獨立，碩果僅存的， 數目已微不足道。歐洲人最早發展成「民族國家」的觀念，這個觀念隨着西方文明的擴散爲亞非的西化知識份子所接受，這些人領導的民族運動， 終於使殖民地獲得獨立，爲歐洲文明的另一產物——殖民主義——鳴了喪鐘。

　　民族國家的大量出現，造成國際社會高度的割裂（fragmentati-on）。這種「割裂」對人類福祉的改進與若干嚴重問題的解決，造成某種程度的不利：由於科技的發展，今日世界人類的關係已日益密切，國際合作的需要大為增加，不少因人口激增與工業化帶來的問題，都只有藉大規模的合作才能解決，由於民族國家的偏狹主權意識，在以往常使這種合作發生困難，在今日，也一再妨害種種合作的計劃，不少有識之士，都感到民族國家體系必須改變，人類才有光明前途。

　　在民族國家觀念的發祥地歐洲，這觀念的沒落已經多多少少成為事實，歐洲共同市場，經濟共同體，歐洲議會，及歐洲人權法庭在結構與功能上的演變，顯示一種新的超國族（supranational）的「實體」正在孕育。當然，卽使在歐洲，民族國家的觀念之沒落，也僅在初步階段，在歐洲國家內部，也僅一部份人能完全接受這個事實，對許多人而言，新時代帶來新的矛盾：一方面他們感到「民族國家」已不能滿足他們的需要，而另方面他們的歷史包袱具有情感上的重要意義，不能輕易捨棄。因此，在實際行動上，歐洲雖有促使民族國家體系改變的力量，但這力量仍未被充足地使用，因而卽使在歐洲，民族國家體系仍然維繫着。不過，改變的種子已播下了，但開花結果，恐仍將待相當時日。

貳 民族主義

「民族國家」的精神基礎爲民族主義。民族主義的含義必須從兩個概念中求取：民族性（nationality）與愛國心。「民族性」乃是指一羣具有共同的根源與傳統的人之個別的特質，這可指民族性格，也可指歸屬某一民族的認同感。此概念具有客觀與主觀兩個層面：一羣具有共同根源與傳統的人在地球上爲一客觀的存在，這些人之具有歸屬感與認同感則爲其主觀的心理狀態❹。愛國心指愛護國家，效忠國家的情緒，在歷史上，愛國心並不一定與民族相聯，古希臘人的愛國心表現於對其城邦的忠忱。但民族國家興起後，愛國心與民族國家不能分割，這種愛國心遂與民族主義不再區分。

民族主義與民族國家的形成與鞏固，具有密切的關係。當歐洲民族國家最早形成時，一般民衆似仍無強烈的民族主義，這些國家的成立，主要靠雄才大略的君主與亟須削弱封建遺跡以利其工商業發展的中產階級之合作，藉武力與鎮壓的能力以達到的，但國教的建立，國語文學的發展確有利於民族主義之興起。民族主義成爲大衆的俗世的的宗教則始於法國大革命之時。法國大革命標榜全人類的自由、平等、博愛，本是與民族主義相逕庭的，但當各國聯軍攻擊法國之際，

---

❹ 參閱 Hans Kohn, *The Idea of Nationalism* (New York, 1944)，及其 *Nationalism: Its Meaning and History* (Princeton, 1955).

法國革命政府爲動員全國人民對抗，乃在宣傳上把法國描繪爲代表正
義與公理，法國民族爲進步、開明、理性的，而其他國家之統治者代
表壓迫、暴力與不義，受其壓迫的本國人民必須藉法國民族的啓蒙，
始能獲得「解放」，此種宣傳與動員，激起法國人強烈的民族主義，
對「自由、平等、博愛」興趣不濃的農民遂能隨馬賽曲的節奏前往前
線。法國人的民族主義也鼓動歐陸其他民族的民族主義，如西班牙的
民族主義曾給拿破崙的佔領軍甚大的困難。在民族主義最先興起的國
家如法國等，可說先有民族國家，然後民族主義鞏固了民族國家，但
在民族主義較後發生的國家，其作用就各不相同：在有些國家，它成
爲促成統一的力量，如十九世紀時義大利與德國；在另一些國家，它
成爲現代化的改革或革命的動力，如在俄國、日本與中國；在另一些
國家，它是建立民族國家的先決條件，亦卽少數知識份子接受民族主
義後，組織民族運動，此一運動成爲對抗殖民主義的主力，並成爲建
立民族國家的主動者，如不少亞非國家的情形。

　　上節的敍述，似乎指出民族主義具有積極的建設性的力量，有促
進人類福祉的作用，其實，這僅是民族主義作用的一面，民族主義的
另一面是完全不同的。研究民族主義的學者當中，有些對其破壞性的
作用，具有深刻的睿見，如康恩卽爲其一。康恩是第二次大戰前捷克
普拉格長大的猶太知識份子，他對巴爾幹半島各國民族主義的互相傾
軋，　民族偏執造成的對境內少數民族的迫害，　及俄德兩種帝國主義

（由其民族主義演變而成）的劣行，具有切膚之痛，對納粹民族主義的種族偏見，施於猶太人的殘害，藉口日耳曼民族的優越大肆擴張領土，以民族利益爲由侵犯個人自由與人權，更是知之甚稔，他的一系列著作，可說是對民族主義的消極面最深刻的描繪與譴責❺。

叁　國家要素與主權理論

一般所謂國家的四大要素，爲領土、人民、政治制度與主權。

（一）**領土**：係指一個國家政府的管轄權所能及的地理區域，爲該國國民居住生活的土地；一國與別國在陸上交界之地，爲兩國的邊界，除非友好國家，邊界是兩國重兵駐守的，有的國家之邊界是所謂天然邊界，即河流、山脈等，引起問題較少，有的爲人爲的，雖立有界碑爲記，但常引起兩國不同的解釋，可能造成衝突，一國的海上邊界也有釐定的原則，根據通用的慣例，一國的領海爲自其海岸線向外海延伸三海浬，以外即爲公海，領海與公海間的線即爲海上的邊界，但目前各國對三海浬之領海規定，頗多異議，若干國家主張領海應爲十二海浬。另一些國家則更主張領海外二百海浬的特別經濟區，在區

---

❺ Hans Kohn, *The Idea of Nationalism* (New York, 1944), *Nationalism: Its Meaning and History* (Princeton, 1955), *Prophets and Peoples: Studies in Ninteenth Century Nationalism* (New York, 1946).

域內，濱海國在捕漁及海底採礦方面應享特權，另有少數國家甚且主張二百海浬的領海，世界海洋法會議對這種種紛爭，迄未作一各國皆接受的解決。世界各國之領土，大小甚爲懸殊。國家在領土內的管理權有排他性，原則上不許其他主權者共同管理，但此原則也有例外，如（1）共管領地——兩國或以上國家，爭奪一地未合理解決前，共管以求妥協，如英埃蘇丹；（2）國際地役——國際之間，往往爲國際禮儀或條約義務，要求某國對其部份領土管理權予以限制，如大使館有治外法權等。

　　（二）人民：人民爲構成國家的第二個要素。一國的人民，具有該國的國籍，謂之國民。大體來說，獲得國籍成爲國民有兩種途徑：（1）天生的，即一旦降生即如此，關於「天生」的國民其國籍之獲得，世界上共有兩種不同的規則：a. 出生地規則（jus solis）：即一個人只要出生於該國的領土內，即爲該國國民，如英國與美國即依此規則決定其國民之國籍；b. 血統規則（jus sanguinis），即一個人出生後，其國籍與其父母相同，不論其生於何地，我國與歐洲大陸各國皆依循此規則。在實際上，此等規則的遵循並不呆板，在遵循出生地規則的國家，不給予出生於其領土內的外國外交官員之子女該國國籍；在一些遵循出生地規則的國家如英美，也給予其公民在國外出生的子女該國國籍；（2）歸化的，即外國人符合某些條件，經過一定手續，得取得一國之國籍。國民達到某種年齡（一般爲十八至二十歲），

就成爲公民，公民除一般性人權外，更取得若干公民權，如投票權，但也需承擔若干義務，其責任比一般國民義務略爲增加。

（三）**政治制度：** 政治制度爲國家的另一要素，這制度的核心爲政府，政府乃一套法律規範與一組人員的綜合體，政府組成的方式在各國有許多類型，但其功能是相同的，其結構的一些主要特徵如層級性也是相同的。我們將以專章討論政府。

（四）**主權：** 是另一個所謂國家的主要屬性，以上幾項屬性，乃是實體的（physical characteristics），即我們可用感覺器官認知，主權根本上是一種抽象的觀念，一種影響人們政治行爲的主張，但這一觀念與主張，於十六世紀被法國人布丹（Jean Bodin）提出來以後，在有利的歷史條件下，發展成一種普遍爲人類接受的「原則」，甚至被人們當作顛撲不破的「眞理」，如今，主權已被許多人幾乎看成一種實體的存在，這一發展，是民族主義成功的例證。

所謂主權（sovereignty）是指國家擁有的至高無上的決策與執行政策的權威。當主權的觀念首先提出時，其目的在支持君主在其轄境內享有完全的管轄權，以對抗較小的封建領主、教廷與神聖羅馬帝國皇帝的種種權力主張，主權理論對民族國家奠立具有頗大的作用，它一方面爲削弱國境內的地方勢力以增強中央大權的勢力提供理論基礎，另方面也在理論上抗拒了外來勢力（如教廷與神聖羅馬帝國）對民族國家的限制。在三十年戰爭（一六一八——一六四八年）結束

後，主權理論已在歐陸被普遍接受，影響各國的政治行動，如今，主權理論對國家行為的作用，可從兩方面來說明：一是在一國國境內，代表國家的主權者（統治者或政府）有權主張對其管轄下的領土與人民，行使排他性的管轄權；另一是每一國家都聲稱主權不容侵犯，亦即按國際法獨立國的地位是「平等」的，而且其內政外國不容干預。主權理論的正確詮釋，具有實際的重要性。有一種絕對主權說，認為主權是絲毫不容減削的，不論因何理由，都不容打絲毫折扣。推之極限，持這種主張者甚至認為國家的行動享有完全的自由，假如國際法原則，或條約義務對之產生妨碍，它可棄之不顧，這種觀點，對國際秩序的建立，世界和平的維持，國際組織的發展，都有害處；這種主張在內政上，也有實質影響，不少暴虐的政權，在轄境內侵犯人權，整肅異己，每遇國外輿論之譴責，也常以此來為自己的行為辯護，並以此為藉口，鼓動國內的偏狹民族主義者，以謀對抗，基於這些實質的弊病，不少人士不贊成主權的絕對說。在原則上，他們認為主權理論仍有其價值，至少在維護實力不平等的大小國家在國際法上的地位，及理論上抵制帝國主義者或強國對弱國內政的無理干預上，它都具有積極的作用，但一國的主權不能解釋為其政府具有完全的行動自由，任何政府的行動都不應具侵略性，或違背基本人權，其在國際法與國際條約的義務、人道主義的精神，凡是違背了這些價值，對國際輿論的指責，似不能解釋為干涉內政，此即所謂主權自限說（國家應

有道德的自制力）。

此外，他們認爲由於人類生存環境的改變，互相依存關係的日趨密切，需要各國共同合作解決的問題之增多，主權觀念也應作必要的修正，總之，在他們看來，相對主權論與有限主權論等觀念必須取代不合時代的絕對主權論。

肆 國 體

所謂國體，是指國家在政治權力的組成與分配方面的體制。第一種關於國體的區分，是依據國家元首的產生方式爲標準而作的。這種區分，雖然我們仍有知悉的需要，但對實際政治的了解，已無重大用處，有時反可能引起誤解。根據此一區分，國家可分爲君主國與共和國。所謂君主國，乃是指國家元首由世襲的君主擔任的國家。學者又把君主國分爲君主專制與君主立憲兩類，在君主專制的國家，君主旣爲名義上的國家元首（所謂虛位元首），也爲實質上的政治領袖；在君主立憲的國家，君主往往僅爲虛位元首。在共和國，國家元首是由公民們普選或國會選舉產生的，通稱總統，也有以其他名稱爲其頭銜者。元首可能僅爲虛位，也可能擁有政治權力，甚至甚大的政治權力，如美國總統。現今世上，君主國仍爲數頗多，如歐洲的英國、荷蘭、比利時、丹麥、瑞典、挪威、西班牙（佛朗哥下臺後改爲君主國）、希臘、摩納哥、盧森堡；亞洲的日本、泰國、尼泊爾、馬來西

亞、約旦、沙烏地阿拉伯、科威特、阿拉伯大公國、安曼、南太平洋
的迷你小國東加王國均屬之。不過，第二次大戰後，君主國被改制的
爲數衆多。其中有些如東歐的國家，戰前爲君主制，諸如南斯拉夫、
阿爾巴尼亞、羅馬尼亞、保加利亞等，戰後君主都被拒返國重掌政權
或放逐出境；另有一些則經過流血革命，推翻了君主，如阿富汗、伊
朗、伊拉克、衣索匹亞等。在君主國中，君主掌握頗大的實際政治權
力者僅有沙烏地阿拉伯、約旦等。西歐的君主國其實爲民主國家。初
學者也許會感到迷惘：爲何這些國家，既爲君主，又爲民主？其實，
答案很簡單：其爲君主，乃是按國體區分之一種標準——元首的性質
——而言，其爲民主，是按其政治權力實際的歸屬與運作而言。國家
元首經「選舉」產生的共和國中，有些不算民主國家，因爲其選舉多
多少少是形式化或少數人幕後操縱的。

　　另一種區別國體的標準是根據政治權力在中央與地方的分配。根
據此一標準，全球各國可分爲複合國家與單一國家兩類。複合國包括
邦聯與聯邦兩類，前者事實上已不存在，故我們僅需討論聯邦國家與
單一國家，國體與政體不同，政體乃是指政府的體制。

伍　聯邦國家與單一國家

　　一種簡單，但不完全正確的說法是聯邦國家與單一國家的區別在
於中央政府與地方政府權力的分劃不同，在聯邦國家，地方的權力頗

大，在有些領域，有充份的自主權；在單一國家，地方政府的權力皆來自中央的授權。這說法大體能把這兩種體制的主要區別勾劃出來，其缺點在於兩點：（一）所謂地方政府，其實不限於一個層級，在州政府（或省政府）以下，還有郡（或縣）、市鎮等政府，在聯邦國家，第一級的地方政府（州政府或省政府）確實在若干政策領域中，擁有聯邦憲法所賦予的自主權，但其他層級的地方政府是否擁有自主權，則並不一致；（二）單一國家，地方政府的權力是來自中央授權，這似乎表示在這類國家，地方政府的權力甚小，重要事務都得聽命於中央。的確，原則上，單一國家的地方政府，權力來自中央。但在實際上，地方政府權力的大小，在各個單一國家頗為不同，在英國，地方政府在有些政策領域擁有相當大的權限，對於地方政府在這些事務上的決定，中央政府照例是尊重的。雖然英國巴力門依法可不必如此，這種行為的慣例與習尚，構成實施地方自治的精神基礎。

其實，一個國家的成為單一或聯邦，不是機械的制度設計的結果，而有其歷史的淵源與實際的考慮。我們試舉數例加以說明：世界上第一個聯邦制國家是瑞士，瑞士是逃避法國舊教迫害的喀爾文派新教徒，與不滿其國內政治的德國諸小邦的德裔人及少數義大利裔人組成的，在數座大山的山谷中生存的人民，享有完全的地方自治，政治權力分散於各個地區，當瑞士人為抗禦可能來臨的外侮必須合作時，他們感到只要在甚有限的政策領域（如軍事）中，把權力交給一個

「中央」政府即可，倘「中央」政府權力過大，人民就可能喪失他們避居山谷所追求的個人與信仰自由，更何況言語不同、信仰不同（採法語的新教徒與採德語的舊教徒）的人也不願如此結合，結果，瑞士最初組成的僅為一個「邦聯」(confederation)。所謂「邦聯」，是指各邦的「地方」政府仍舊保持其權力的極大部份，僅把少數領域中的權力交給「中央」政府，而且該「中央」政府的存廢及行動方針，必須各邦一致同意才能決定。邦聯實為一種矛盾心理的產物，一方面人們希望有某種程度的合作以解決若干共同問題，另方面人們又擔心這種合作如果過份，可能使「中央」政府具有獨立的權力，以壓迫人民。邦聯的制度，實際上是一種無效的制度，因為中央政府必然因權力太小，權力基礎太薄弱，而無法達到成立邦聯的目的。瑞士今日仍自稱邦聯，但實際上已是一個聯邦，但它是一個聯邦政府權力最小的聯邦。另一個邦聯失敗的實例是美國的邦聯。英國人統治美洲大陸十三個殖民地採取的政策是一方面培植每個殖民地某種程度的自治，即擁有自己的殖民地議會，此一議會的權力並不大，但在若干領域可以立法，但受英國政府殖民部任命的殖民地總督的否決權之影響；另方面每一殖民地的關係大多是直接與英國的，殖民地間的關係比較鬆散。十三個殖民地關係不密切的另一原因當然是其殖民的方式各各不同。十三個殖民地獨立為十三州後，很不易結合成一個團結一致的國家，但是，由於發展商業，保衛國土的需要，它們又不能不如此，因此，

遂有組織邦聯之議，邦聯組成以後，毫無作用，至一七八九年（十三州於一七七六年獨立）若干有遠見的各邦領袖遂在費城開制憲會議，制訂聯邦憲法，組織聯邦，在憲法的制訂與批准的過程中，仍有不少人擔心權力過大的聯邦政府會侵害邦的權力並危及人民的自由，麥廸森等人的辯才與文才及其他領袖的政治手腕才使這些反對的聲浪漸趨平息。但早期的聯邦政府權力仍舊相當有限。一直要到南北戰爭，州權主義者遭到挫敗後，聯邦政府的權力才增大。瑞士與美國的聯邦制是歷史的產物。

目前全世界共有十九個聯邦國家（瑞士、美國、阿根廷、巴西、墨西哥、委內瑞拉、加拿大、西德、奧地利、澳洲、印度、巴基斯坦、南斯拉夫、馬來西亞、奈及利亞、捷克、喀麥隆與坦桑尼亞），這些國家採取聯邦制，有的是歷史的因素，如美國與瑞士；也有的是國內社會分歧的現實，使其非如此不可，如南斯拉夫、奈及利亞、印度即是如此。

聯邦國家一個重要的政治問題是權力的分配：中央（或聯邦）政府與邦政府的權力如何區分？倘若這兩個層級的政府發生了權力衝突，如何解決？在聯邦國家中央與地方權力的分配往往在憲法上指明原則，這些原則可能因國家而異，譬如根據美國的聯邦憲法聯邦政府的權力限於憲法上明確規定者，凡未曾規定的權力悉行保留予各州（邦）政府，加拿大的聯邦憲法則指出各省（邦）政府的權力限於憲

法上明確指出者，凡未指出的權力悉行保留給聯邦政府。憲法的這種
原則，僅能作爲瞭解聯邦政府與各邦政府權力分劃的一個起點，這是
因爲兩個原因：（一）憲法規定的權力，其範圍與性質都要經過「解
釋」才能斷定，故在一個特定情勢下，某一政府有無權力，並不能貿
然決定；（二）社會不停地改變，人民的需要在變動，需處理的問題
在變動， 人民對政府的期望在改變， 政府需要應付環境的能力在改
變，這些都能影響聯邦政府與邦政府權力的實際分配，關於權力分配
的「解釋」，也勢必因這些因素與需要而異。茲舉美國的聯邦與州權
力的分配過程中實例說明以上所述：美國立國兩百多年以來，聯邦政
府的權力大爲增加，每一種權力的增加，都是先有某種需要（多半是
某種嚴重的社會問題或危機發生，人民要求政府解決，州政府不願或
不能辦到），然後聯邦政府在輿論催促下，運用權力來滿足此種需要，
同時，法院作某種解釋來「證明」聯邦的行動是合法的。其中聯邦政
府「節制州際商業」的權力的運用最爲有趣。當聯邦政府取得「節制
州際商業」的權力後，此一權力要被用來加強聯邦政府的緝捕罪犯、
管制工商企業，執行最高工時與最低工資的勞動立法等領域的權力。

我們曾經說過，聯邦政府權力的增加，是透過「解釋」，這「解
釋」之權，通常由聯邦法院擁有。在若干聯邦國家，聯邦法院有所謂
「司法審查」（judicial review）之權，運用此權，法院（尤其指最
高法院）可裁定立法機關通過之法律或行政機關的法令是否違背聯邦

憲法。大體上，在聯邦國家，邦的立法機關通過的法律或邦政府的法令被裁定違憲者較多，在近數十年來，大多數聯邦國家的法院都比較支持聯邦政府權力之增大，這與現代世界的工業科技造成的種種問題需要比較有力的中央政府處理是有關的。

在大多數聯邦國家，聯邦政府的權力都在增大，但這並不表示聯邦國家與單一國家在中央與地方的權力分配上已經區別不大，其實，聯邦國家的聯邦政府權力即使有所增加，邦的眞正自主已經減少，但在民主的聯邦國家，各邦仍在若干領域內擁有相當大的決策權力。儘管在有些單一國家，地方政府擁有在若干領域內相當大的自治權，但這種自治權與聯邦國家各邦具有的決策權仍有相當重要的區別❻。

單一與聯邦的制度孰優的問題，也曾引起不少人的興趣；其實，這問題並不十分重要。在理論上，聯邦制的優點是提供政治改革較佳的實驗環境，因爲聯邦制下，不必在任何政治事務上有統一的規定，一種新的構想，可在某一地區實施，倘成果良好，可推廣於全國。這是若干行政學者支持聯邦制的主要理由，這個理由其實並不妥當。在單一制的國家如英國，也不是在任何政治事務上規定必然一律，不容因地制宜的，至於在某一地區作某種政策的實驗，在單一制國家也並非沒有的，而在某些重大問題上，統一規定的需要，在今日世界，聯

---

❻ 聯邦國家邦的決策權來自憲法，而單一國家地方政府的自治權，不論多大，理論上仍爲中央所授與。

邦國家也不亞於單一國家；另一種支持聯邦國家優於單一國家的說法是在聯邦國家中央權力過份強大的弊病可以避免，而有利於地方的自治與人民的自由權的保障，這一說法也不全然有理。單一國家中如英國等，地方自治與人民的自由並不因權力理論上集於中央政府而受影響，這是因爲人民自由的確保來自國家的憲法、法律、傳統與興論、政治習慣……等諸種因素交互發生的作用，所謂權力集中中央僅是就權力之中央與地方政府間的分配而言，並不是說全國的權力皆集中於政府。在一個民主的社會，民間的集團具有制衡政府的力量，而地方自治也往往可因不成文的政治傳統而存在。聯邦制與單一制孰優的問題，只有置於一個具體的情境中才有意義，換句話說，我們應該探詢的問題是：在某一國家，採取聯邦制較適宜？抑或採取單一制較適宜？大體而言，一個多元民族的國家如要維持一種比較民主的政治，最好採用聯邦制；再說，在有些社會，人們若要組成一個國家，就不得不採取聯邦制，否則就不免分裂成若干國家。

　　我們中國是一個單一國家。有人曾經對我國的高度中央集權相當不滿，認爲這種情形造成偏遠地區落後局面的難以改進，有些人以爲中國如改採聯邦制，恐怕能糾正這種情況，也有些人則感到中國的少數民族問題已相當嚴重，而高度中央集權的制度無助於此問題的適當處理。雖然在人口比例上，中國的少數民族人數遠少於漢族，但少數民族都聚居邊區，其生活方式與漢人相當不同，其中蒙人、藏人、維

吾爾人中都有人具有「獨立」的念頭。這問題不容忽視。不過，這種改變國體的主張，是否值得採取呢？是值得商榷的。一個更強烈的理由支持維持單一制，中國二千多年來，一向是一個單一國家，自秦統一天下以來，就是「書同文」的，經歷這相當悠長的歲月，中國民族漸漸凝結起來，由於地域廣大，人口複雜，歷史上常歷治亂的循環，亂局之時國家就遭分裂，但由於國人根深蒂固的「大一統」思想及文化上的一統，常能重新統一，由於此一歷史的因素，我國的愛國之士一向反對任何削弱統一的主張與作爲，因而，「聯邦」之議不可能獲得廣泛的支持。再說，民國初年曾有「聯省自治」之議，經證明爲各省的野心份子劃地自雄的主張，此議之出現與破產使改採「聯邦」的主張在我國恐更難獲得同情。

中國似乎不可能改變爲一聯邦，如此，中國欲減少以往過度「中央集權」的弊病，只有認眞實施地方自治，我們說過單一國家並不一定都是「高度中央集權」的。在適當的地方自治安排下，少數民族的特殊政治要求、文化特質與需要等都必須予以尊重，而大漢族優越感必須消除；如此，我國的民族問題才可望順利解決。

第三章 憲法與憲政

憲法常被當作一個國家的根本大法，它不僅規定政府的基本結構，賦予其權力合法的基礎，釐定各主要部門職權的範圍與限制，而且標明人民的權利與義務，其對實行憲政之治的現代國家的重要性，是至高無上的。❶

在本章中，我們擬就憲法的意義與功能，憲法之制訂與修改，及憲政之治的涵義，作一解說。

壹　憲法的意義與功能

憲法的英文字 constitution，原意為結構或體質，此為希臘人對此的瞭解，希臘人慣於把社會的現象與有機體類比，人有體質，則城邦當然也有體質，正如個人一般，這「體質」是因城邦而異的，為其結合的基本原則，這一原則是否形之文字，並不重要。亞里斯多德把

---

❶　憲法常被稱為「根本大法」。有一種觀念是憲法建立政治社會，而其他的法律乃是政治社會建立後的產物。

希臘諸城邦依此分爲六類。❷

　「憲法」之具有如今的根本大法的意義，與契約論的觀念之出現與興起有關。在政治思想中，最著名的契約論首先出現於霍布斯，繼之於洛克與盧騷，但契約論並不是霍布斯等人所創，在霍布斯以前，英國反國教的教派關於教友結合與組織，就強調類似「契約」的原則。五月花號上的殖民前往美洲大陸途中，也締結契約，作爲建立新殖民地後居民關係的根據，足見在十六、七世紀時，契約論的觀念在歐洲甚爲流行，十八世紀爲「成文」憲法的時代，美國的聯邦憲法，法國的憲法都在其時訂定。把建立政治社會，確定人民與政府關係與其權利，義務的重要原則與事項，統統寫在一紙文件上，似乎這紙文件就是政府權力的依據，這是與契約論，尤其洛克的契約論中政府應建在「被治者的同意」的觀念相符合。

---

❷　亞里斯多德運用兩種標準：㈠統治者的人數（實徵標準）與㈡統治的目的（規範標準——即統治的目的係爲統治者自己的利益，抑或社會全體的利益），把城邦分爲六類。卽

爲		全　體	爲　自　己
統治者人數	一人	君　主　制	專　　制
	少數	貴　族　制	寡　頭　制
	多數	"憲政之治"	暴　民　之　制

參閱 Earnest Barker(ed). *The Politics of Aristotle*(Oxford, 1948), pp. 110f.

憲法的主要功能大致可分三方面來說明：（一）象徵的功能：憲法代表國家執政者權力的合法性（legitimacy），只要一個政府是根據憲法獲得權力的，其行使權力遵照憲法的實質與程序的規定，它就有合法性。在民主國家，由於憲法的制訂是民意的表示，依照憲法行為，也代表政府是按「被治者的同意」原則的。這個象徵的功能極為重要，因為理論上和平轉移政權之所以可能，就是由於此點。（二）結構的功能：憲法為構成法（constituent law），它是整個國家的政治結構（在有些憲法中，這是指政府，在另一些憲法中，政黨等也可能包容在憲法中）之建立與運作的基本規則，它可能包括政府主要部門的權職，主要角色的任務；權力取得的正當程序與限制，部門間與角色間的關係，政黨組織與行為的基本規則等；（三）規範的功能：憲法中往往規定政治競爭的某些基本原則，政府與人民間的權利義務關係，這些規定都是旨在規範政治人物與政府的行為的，使其在權力的爭取與使用上，有所節制，並且都能按照法定程序（due process）。

貳　憲法之制訂與修改

全世界的國家，除少數如沙烏地阿拉伯外，都有憲法，這些憲法有的甚長如印度聯邦憲法，也有的甚短如美國憲法，但內容大致相似。幾乎無不包括三部份，其一是關於憲法本身的，如制訂的緣起、宗旨、修憲的程序等；其二是政府或政治結構的組織、職權、各部門

或角色間的關係、獲得權力的合法程序、權力的限制等，其三是人民的權利與義務。

憲法中有一特別的個案，此即英國憲法，英國憲法常被人稱作「不成文憲法」，以別於其他國家的「成文憲法」。所謂「不成文」，倘若是指英國沒有一紙足以稱作「英國憲法」的特定文件，這是正確的。英國憲法的發展經歷若干世紀，它是散見於巴力門（國會）陸續制訂的若干重要法律，諸如一九一一年的國會法 (The Parliament Act 1911)，一九六四年的內閣大臣法 (Ministers of the Crown Act 1964) 中等的。英國政治體系的運作比較依循慣例與傳統，與其缺乏一紙特定的憲法不無關係，可是，由於其國會通過的法律如與以前的法律矛盾，以前的自然失效，因而英制又有相當大的彈性，這當然是「不成文」憲法的優點：它可在比較不露痕跡的情形下，達到相當程度的政治改變，而不致引起一個衆所矚目的憲政危機。然而，不成文憲法也有其缺點：有人認為倘若社會對政治慣例與傳統的「共識」消失或遵守的意願降低時，這就可能不足以有效防止某些人士的「僭權」。

成文憲法都是在特定的場合制訂的，如美國聯邦憲法是在一七八九年在費烈特爾費亞制訂的，該一制憲會議雖在美國國勢並不十分光明，對「聯邦」反對聲浪相當激烈中召開，但由於參加者中頗多各州人民敬仰的知名之士，憲法遂能在老佛蘭克林比喻為旭日初昇的樂觀

氣氛下制訂；我國的憲法是民國三十六年在南京的第一次國民大會中制訂，當時國家已隱藏山雨欲來的巨大危機，但制憲者中若干尙懷遠大的民主建國理想，對憲法的一點一滴費了心血。總之，憲法制訂在一個國家歷史上，都是壯嚴的場合，國是的演變雖未必因制憲而有重大的進展，但制憲總給一些人帶來希望。由於制憲者中代表不同利益常把制憲之舉看作重大的處置（great settlement），認爲這事一旦完成，政治上以後的一切重大作爲都要遵循憲法，不能再憑己意，而且有時它又代表前賬的一筆清算，因而，在制訂中，常常要據理力爭，制憲乃成爲一種妥協，憲法中難免顯示某種妥協的成份。國人中少數人偶爾埋怨我國憲法中有些規定並不完全符合其所憧憬的「原則」，似應瞭解制憲中這往往是無可避免的情況。

　　有一種看法是：由於憲法是根本大法，關係到人民的重大權益，其制訂固然應該愼重，其修改也不易輕率爲之。一般成文憲法都規定，相當複雜而且不能輕易完成的修憲程序。這種程序的存在，顯示人們固然承認憲法應容許修改，俾其能適合於變遷的社會，但也顯示其不贊成輕易修憲，而且認爲除非一個國家相當多的人民主張修憲，憲法不應修改。憲法中規定繁複而困難的修憲程序的，有人稱爲「剛性憲法」，以其不易移動，相反地，像英國憲法，只要某一重要法律（被認爲屬憲法一部份者）被巴力門（國會）通過的較新法律代替了，即可說已作了修改，巴力門通過法律，不過是下議院出席投票議

員過半數投贊成票而已。(上議院事實上往往不能否決下院的決定)。
❸ 故英國憲法常被稱為「柔性憲法」。

剛性與柔性之分，其實並不完全準確。在一般成文憲法中，正式的修憲固然相當困難，但正式的修憲程序並不是改變憲法內涵的唯一方法。誠然，對憲法結構作基本性的改變，必須經過正式的修憲程序。但使憲法的實質內容發生改變（有時甚至相當重要的改變）往往不必透過該項程序。憲法之條文，適用於社會上各種問題時，必須透過「解釋」，解釋往往由法院為之，不同時代的法院對同一條文的「解釋」可能不同，從後一時代的人之立場，憲法條文雖然不變，但「憲法的涵義」其實已經變了，這種「修憲」在美國憲政史上頗為平常，此外，若干「慣例」(conventions) 也在憲政實踐的過程中次第形成。若干憲法學者據此認為美憲為「活的憲法」(living constitution)。此種種「修憲」方式的存在，說明「剛性」憲法也有其柔性的一面。

而英國的柔性憲法也自有其「剛性」的一面，此因英憲的重心不僅在於巴力門通過的若干重要法律，而且在於其國民（尤其政治精英）的政治習慣與傳統，在這方面，迄最近時期，英國人不僅具有相當高度的「共識」，而且經歷相當時間而變動不大，此種持續性給予

---

❸　上院可使下院通過的普通法案延後實施，對關於稅款，預算等的法案，
　　則上院完全無權影響下院的決定。

英憲相當程度的穩定性，而且，由於此種穩定性，英國巴力門對重大法律之變動往往相當愼重，而許多法律實際上是反映社會現實的。如本世紀的一系列國會法，實在僅爲一再限制上議院權力的表徵而已；而這也不過是反映貴族政經勢力日益式微的現實罷了。

把憲法分爲剛柔二種，雖然並不是太有意義的，但一部憲法，倘若具有適宜的剛柔之成份，也許不失爲優點。許多國家──大多數爲開發中國家，但也包括法國等西方國家──的憲法更動過於頻繁，爲人詬病，憲法更動迅速，往往是國家政治力量的衝突使然，與憲法的條文無關，但也有因憲法制訂不妥，過份刻板，以致不能在既有憲法的架構內，容納新興的社會勢力，或給予社經權力的新分配適切而及時的政治反映，結果憲法不得不更換。憲法更換過於頻繁，人民的內心就對其不會尊敬，也就不易孕育憲政的傳統，盧騷所說的鐫刻於心版的憲法就難存在了，這當然妨礙了國家憲政的成長。❹ 過柔的憲法當然也不足取，它固然比較能適應變遷的社會，並反映社會的現實，但倘若修憲程序過份簡易，則少數人就可輕易鼓動修憲，然後團結性較強的少數派往往可使修憲成爲事實，如此，社會上各種政治勢力，不論其眞正的羣衆基礎至如何程度，都可在適當時機，發動修憲，甚至達成目的，則憲法穩定社會的規範性作用必會受到腐蝕，憲政的良

---

❹ 參閱 Jean-Jacques Rousseau, *The Social Contract* (1762), translated. G. D. H. Cole (London, 1937).

好傳統也不易建立。

叁 憲政之治

世界上大多數國家都有憲法，但並不是這些國家都具有憲政之治。事實上，真正實施憲政的國家，仍屬少數。在有些國家，一紙憲法的頒佈，僅表示某一政治與社經建設階段的結束與另一階段的開始，或者具有一種「宣傳」上的意義，旨在使世人相信它們也是現代的「文明」國家。

所謂憲政之治，是指國家政治權力的分配與使用，必定遵照憲法；憲政的涵義之一是政府權力是受限制的。「有限政府」（limited government）是憲政精義所在，倘若一個政府的權力無限，它就可能淪為暴政，憲法的主要目的是為整個政府及政府的各部門及各主要角色設立限制的，有關政府組織與職權的規定，人民權利的條款，都是達此目的之手段。憲政的另一層意義是使政府的行動遵照法定的程序（due process），政府的權力不僅應受實質上的限制，而且其行使也應按照法定的正當程序，一個權力不受限制的政府固然可能淪為暴政，而一個行動可任意不受法定程序的約束的政府，其行動可能任性，不論是暴政抑或行動任性的政府，都足以妨害人民的利益與福祉，人民制訂憲法，重要目的在掃除這類情勢。

憲政之實踐，徒具憲法是不夠的，必須仰賴若干條件：其一，政

治精英對憲政的執着與對憲法的忠誠：美國聯邦憲法制訂後，許多人
——尤其是州權主義者——都不贊成該憲法的若干部份，但大致都能
服膺它，並不積極設法推翻根據它設立的制度與權力安排；而執政者
——也均能恪遵憲法以行使權力，這對美國憲政的建立，作用甚爲重
大，南北戰爭固然顯示對憲法解釋不同的兩派，因基本利益的難以調
和，終於分裂，可是一旦戰爭結束，政治精英對憲政的執着與憲法的
忠誠立刻恢復，成爲美國憲政成長的精神基礎。美國的憲政問題引起
爭執者甚多，涉及地區的利益，少數民族的問題……等，但由於人民
具有這種精神，終能次第解決。這種精神可見之於該國政治精英對聯
邦最高法院的憲法裁決，不論如何抨擊，皆能服從或以和平的憲政方
法謀求改變。印度獨立後憲政的實踐，經歷無數困難，迄今縱然未奠
定與美國同樣堅固的基礎，但已有相當成就，其前途似乎還算光明。
印度憲政的條件頗劣，其主要憑藉在於該國領導精英——尤其國民大
會黨的領袖們——對憲政擇善固執的態度。其二，憲政的守護者是司
法機關：理想的司法機關必須具有司法獨立並擁有素質良好的司法人
員。凡憲政成功的國家都有這種司法機關，致力於遏阻行政機關的濫
權與立法機關以法律來侵犯人民民權之舉，並保障人民的自由。不少
開發中國家實施憲政最大的困難是缺少這種司法機關，在有的國家，
「司法獨立」並不存在，司法竟淪爲統治者控制社會的工具，並不能
保障人民的權利；在有些國家，司法人員的素質不良，其學識操守都

不足以使人民尊敬，其裁決遂缺乏道德的約束力。其三，憲政的教育，極為重要，尤其在開發中國家，透過這類教育，政治精英對憲政的執着與對憲法的忠誠乃能普遍傳佈於一般國民，成為國家政治文化的一項要素，如此，憲政的基礎乃能根深蒂固。

第四章　人權與民權

人權是憲法中主題之一，任何憲法都以保障人權爲其主要目的之一，在大多數憲法中，都列有清楚明確的人權條款，規定政府承擔義務保護的各種人權，與防止政府侵犯的自由領域。人權與憲法雖然是密不可分的，但人權的觀念由來已久，嚴格說來，並不是憲法的產物，不過，制憲與立憲的運動對人權的推展與促進，確有不可磨滅的貢獻。

本章旨在探討人權的涵義，及其在現代社會中的重要性，全章分爲人權的涵義與演進、憲法中的人權、人權問題的處理、自由與平等、個人自由與國家安全等節。

壹　人權的涵義與演進

人具有尊嚴，天生具有某種權利的觀念，在古典時代，東西文明中都已存在。中國先秦的儒家，提倡民本的思想，認爲統治者有責任造福民衆，因此應實行仁政，事實上這就隱含一種人權的意識。古代

希臘人主張萬事萬物皆以人爲量度的標準，這種人文主義的精神，也蘊含人權的思想。羅馬人的人權思想，更進一步，尤其斯鐸克派哲學家，指出由於人皆具有理性，在人格上是平等的，而且，基於此點，宇宙間存有自然法，一切人爲的法律必須符合自然法方始有效，此種觀念對統治者的橫暴行爲的正當性，在理論上予以根本否定，這對人權的增進，是甚饒意義的；希伯來文明一神教的思想中，強調人都是按神的形像塑造的，因此世人同一來源，皆爲神的子民，此亦隱含人有其平等的人格尊嚴。

然而，這些古典時代的人權觀念與日後的人權思想與人權理論的區別仍然頗大。首先，這些觀念都是隱含的，未曾明確地表達，系統化的人權概念與理論在古典時代並不存在。其次，古典時代的人權觀念僅在原則上肯定人的某些價值，但並不具體顯示在現實的情形下，人應享有的權利之性質，因此，對實際生活中存在的類似日後之人權問題引不起自覺。譬如羅馬人儘管有自然法的觀念，但對於數目龐大的奴隸之存在仍坦然接受；希臘最睿智的人文主義哲人柏拉圖與亞里斯多德等都認爲奴隸制度的存在是天經地義的。不過，縱使有這些缺點與不足，古典時代的人權思想對後世的人權理論仍然有其積極的影響。

佛烈德里哈 (Carl J. Friedrich) 對西方社會人權的演進，曾作了精闢的剖析。❶ 他把其分爲三個步驟：（一）在十六、七世紀時，

❶ Carl J. Friedrich. *Constitutional Government and Democracy*, 4th

人們關心的是消極的人權，亦即如何避免政府的干預。在若干領域，
人民是自己的主宰，政府絕對不得侵入，譬如良知與信仰的自由，表
意的自由，行動的自由，免於非法逮捕或拘禁的自由等等。在那個時
代，西方國家的人民方從權力極大的王權與國教思想的統制下獲得解
放，他們對強大政治力量甚為恐懼，因此，人權思想家心目中的人權
乃是如何限制政府，如何劃一個政府不容進入完全屬於個人的領域等
消極性人權。這種思想的代表人物是洛克，他一再強調政府的功能在
保護人民固有的權利，其權力應嚴加限制，以免危及人民的自由或掠
奪人民的財產。如今，消極的人權在自由主義的人權思想中佔重要地
位，原則上，大家都維護這些人權，如良知與信仰自由，表意自由，
免於非法逮捕與拘禁的自由，皆被當作基本人權。（二）在十九世紀
時，許多人關心的是選舉權的擴大，因為十九世紀中葉以前西方各國
的選舉權限制甚多，僅擁有某些財產並達一定教育程度的男性公民才
享有投票權，一般民眾都不能享有任何類型的政治參與，其後在若干
國家，選舉權漸漸擴大，但終十九世紀之時，全民選舉權未能實現。
選舉權的問題，成為政治風潮的主題，一些主張人權的人也把政治參
與權──尤其是選舉權──當作人民的基本權利來強調其擴充的必要
性。彌勒（John　S. Mill）雖然對勞工階級能否理性地行使選舉權頗
表疑慮，並因而認為選舉權的擴充不易過速，但在原則上，仍主張政

（續）ed. (Waltham, Mass., 1918), pp. 155-160.

治參與爲一種民權。他認爲政治參與不僅能給予參與者心理上的滿足，並且能使其對社會萌生責任感，一個人人都享政治參與權的社會，比較容易進步。❷（三）至二十世紀，許多人關心廣大民衆的經濟與社會的福祉，工業革命以後，生產技術大爲進步，在工業國家，生產力大增，少數人獲得了極大的財富，大多數人民的物質生活僅比封建時期的農民略有改進，而其工作的安全與工作環境則反而倒退，此一現象，造成極大的不滿，十九世紀時，社會主義者認爲只有徹底改變資本主義的制度，才能全盤解決這一社會問題；而一些自由主義的改革者認爲只要改良資本主義社會種種不合理的措施，也可獲致同樣效果；但也有不少較保守的自由主義者仍堅信資本主義制度的優越性，認爲貧富不均的現象是社會競爭中不可避免的副作用，不足詬病。至二十世紀三十年代以後，在西方資本主義國家，主要的輿論都接受早期社會主義者的一種看法：即政府有義務給予人民某種生活保障及若干必要的福利，這一看法被納入許多國家的憲法或其他重要法律中，發展出經濟與社會的人權。在聯合國的人權宣言中，則明確指出兩類必須保障的人權：公民及政治人權（civil and political rights）與經濟、社會與文化人權（economic, social and cultural rights）。

消極的基本人權乃是對政府行動的限制，參政權與經濟、社會的

---

❷　J. S. Mill, *On Representative Government.*

人權乃是政府需保障與促進的人權，這些人權的實現，必須依賴政府的行動。消極的基本人權的實現並無任何特別的先決條件，而經濟與社會人權的「實現」則有一個程度的問題，在富裕的國家，所能實現的程度自然比較高，在貧窮的國家，所能實現的程度則較低。倘若某類福利，爲一個國家的財富與生產能力所能負荷，而該國政府未能提供給其國民，則經濟與社會人權的問題可能產生，政府可被認爲未能善盡其職責。倘若一個國家的財富與生產能力不能負荷，則政府的責任較小。不過，基本的經濟與社會人權諸如生存權、就業權等，各國政府都應盡一切努力來給其人民充份的保障。

隨着時代的演進，人權的範圍與種類在不停地擴充與增多。譬如隱私權，按十八、九世紀的人權觀念，是不重要的，二十世紀中葉以後，由於人際接觸的日益緊密，電子探偵器材的大量施用，它遂成爲受人重視的人權；又如經濟的人權，在一九六○年代以前，僅指生存權、就業權等，亦卽基本生活的保障；至一九六○年代以後，在先進國家，基本生活的保障已大體上不成問題，而另一方面，由於環境污染、噪音等問題日趨嚴重，乃有所謂維護生活品質的需要，使生活品質保持在某種程度也就成爲經濟人權的一部份。

人權也有國際化的趨勢，此處所謂國際化，是指兩方面而言。首先，人權觀念漸漸普及於全球，對基本人權的性質，不同文化區域的人獲得了日益一致的看法：雖然世界上許多不同的文化，都蘊含某種

人權意識，但由於不同文化區域的人生活在不同的社會環境，具有不同的歷史傳統，受不同的倫理的影響，其對何謂人權，及何謂人權的侵犯……等問題的答案不可能完全一致。由於這項理由，當兩個不同文化區域的人初次接觸時，一個文化區內司空見慣的行為很可能會被另一區域的人視為違犯人權。時至今日，由於西方強勢文化的擴散，西方文化的人權觀念已漸漸為全人類所接受，全人類對基本人權的性質及違犯人權的事實的認定，已具有相當一致的看法；其次，國家對人權問題的作為或處理，已日益受到國際輿論的重視：在第二次大戰以前，人權常被認為係一國的內政問題，國際社會對任何國家政府壓迫其本國國民的事實，並不能藉口人權，加以干預，因此，與希特勒政權通過所謂紐倫堡法將德籍猶太人降為二等國民之時，其他各國也只能默然接受，第二次大戰以後，許多國家的有識之士，感到納粹政權之敢於殘害六百萬猶太人，其實導源於各國對紐倫堡法的容忍，深感嚴重的人權侵犯，國際社會實不應視為一國的「內政」而視若無睹。

國際輿論這一態度的改變，不僅反映於聯合國人權宣言與公約，歐洲安全會議中人權公約的發佈與簽訂及若干國際人權法庭的設置，而且更見之於若干國家的外交政策：譬如美國在卡特出任總統後，就主張把人權列入其外交政策的考慮中，在援外方面，受援國國內人權情況，也被當作決定其應否獲得援助的標準之一；美國國務院並奉命

每年向國會提出外國（尤其是開發中國家）的國內人權情況的報告，藉以影響國會議員考慮美國與這些國家的關係時之態度。卡特的所謂「人權」外交，對其他國家的人權影響究竟多大，吾人甚難定評，但無論如何，其影響必然是存在的；有人認爲自雷根上任美國總統後，卡特這項政策實際已經放棄，這說法並不完全正確。今日美國國務院仍然每年向國會提出外國人權情況之報告，似說明政策的延續性以外國的國內人權情況作爲本國政策的考慮因素之一的作風，似乎也正蔓延至若干歐洲國家，英法西德等國家也有不少人士認爲其本國對開發中國家的政策也應把這些國家的國內人權情況列入考慮。歐美國家的這種作風，在開發中國家，有人讚揚，也有人批評。讚揚者認爲這種作風有助於這些國家人權情況的改善：由於許多開發中國家政治權力分配的現狀，其民間力量不足以促使其政府維護與改善人權，也無法匡正其侵犯人權（尤其涉及政治參與者）的劣行，國際輿論與強國的壓力可能爲迫使其尊重基本人權的重要力量；批評者則認爲開發中國家的政經社會情況迥異於歐美先進國家，先進國家政府以其本身的標準，衡量其人權現狀，難免失誤；而對其施加壓力，可能增加其政府謀求政治穩定與國家發展上的困難，甚至鼓勵其國內，反政府顚覆份子提出不合理政治要求與壓力，使其政局更難安定。吾人對這兩種不同的看法，不擬判別孰是孰非，僅擬在此指出以顯示人權國際化的影響。

貳 憲法中的人權

　　法國大革命後發佈人權宣言，英國光榮革命後出現人權清單 (Bill of Rights)。顯示二三百年前這些國家的人民已經設法把其權利明白地宣告並列舉，俾約束執政者：當美國聯邦憲法制訂後，在各州的批准過程中，引起極大爭議，反對者的一項重大理由乃是該憲法中缺乏「人權清單」或未曾以專條明列人權。其後，制憲者同意在憲法批准後，將以修憲的程序，增列人權條款，此一承諾削弱了反對者的力量，獲致憲法的批准。現在各國的憲法，無不明列人權的條款，而人權遂成爲憲法中主要內容之一。

　　一般憲法中所列的人權，包羅萬象，品類相當繁多，大體上，可按其性質作如後的劃分：（見表 4-1）

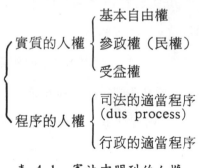

實質的人權 ｛ 基本自由權　參政權（民權）　受益權

程序的人權 ｛ 司法的適當程序 (dus process)　行政的適當程序

表 4-1　憲法中明列的人權

茲對上述人權作較詳盡的說明：（一）人權可分爲實質與程序

的，實質的人權具有實際的作用，其重要性不需多加解釋；程序的人權有些人認爲不甚重要，其實不然，程序的人權有兩種作用，其一是更有效地保障實質的人權。譬如倘若行政機關行事不按法定程序，就易造成責任難明之現象，承辦人員濫權的可能性就較大，人民實質人權就容易受損；又如犯罪偵防機關如不依法定程序傳訊或約談嫌疑人，法院不依此處理案件則造成寃獄的現象就難以防止或匡正。其二是更公正與平等地對待所有人民，而減少特權的運用。行政與司法機關倘以法定的正當程序行爲，則徇私與公報私仇的作風會減少而人民獲得公平待遇的可能性就增加了。

　　（二）實質的人權中，（甲）基本自由，此等自由常被認爲係人民固有，政府不得侵犯的，包括良知與信仰自由（包括政治與宗教信仰與從事宗教活動），表意自由（包括言論、著作、出版、講學等自由），集會結社自由，居住與遷徙自由，人身自由（免於非法逮捕與拘禁）；（乙）參政權包括參加與組織政治團體的權利，請願與訴願的權利，選舉權、被選舉權等；（丙）受益權卽經濟與社會的人權，原則上，國家應根據憲法給予其人民充份的受益權，但由於國家的財政與經濟情況並非固定不變，受益權應達何種程度，應包括那些細目，始可視爲充份，殊難定論。一般來說，現代國家人民的受益權包括工作權、財產權、義務教育權、生存權（卽失業時適當的救濟）、獲得政府適當的服務之權……等。

（三）在許多憲法中，均詳列司法程序中，人民應享一些較重大的程序性權利，例如提審權（habeas corpus），「提審狀」又稱「人身保護狀」，乃是指被逮捕的犯罪嫌疑人得要求拘捕或偵訊機關書面告其本人親友拘捕原因，並於二十四小時內向法院舉出拘捕他的「初步證據」（prima facie evidences），並立刻把案件移交法院，其本人或親友亦可在二十四小時內要求法院提審。拘禁機關如無適當初步證據，應立卽釋放，（關於這些程序性權利有關司法程序部份，將在關於司法的專章中較詳細討論。）若干憲法，也列有行政機關（主要指執法的行政機關）：正當程序。（此將在關於行政機關：專章中較詳細討論。）

我國憲法第二章規定人民的權利包括居住與遷徙之自由（第十條），表意自由（第十一條），秘密通訊之自由（第十二條），信仰宗教的自由（第十三條），集會結社之自由（第十四條），生產權、工作權及財產權（第十五條），請願、訴願與訴訟之權（第十六條），參政權（第十七條），服公職權（第十八條），受國民教育權（第二十一條）等實質權利，與第八條之程序性人權（包括提審權）等。

叁　人權的問題及其處理

「人權」引起的爭議極多，在十七、八世紀時，在西方「人權」成為一個推翻君主暴政的有力號召，其時自由主義者力主天賦人權，

尤其指基本自由爲人所固有，保皇的保守份子對於此種論調反駁雖然甚力，但已不足以逆轉或阻擋人權的潮流。十九世紀關於人權的爭議，集中於馬克思及其他社會主義者對自由主義人權的抨擊，馬克思批評一七九三年法國憲法的人權條款，認爲該項條款中所包含的政治權利與平等保障，其目的不過是保證中產階級的財產權利與維持社會不平等的現狀，隱匿在以自由市場爲基礎的共和國背後者實爲工廠的暴政，隱匿在形式的政治平等背後則爲實質的社會不平等。

至二十世紀，「人權」的範圍比以往更加擴充了，基本自由、參政權、經濟與社會的人權均已兼容並包於許多國家的憲法中。故馬克思式的批評除了作爲東西冷戰中，共產國家攻擊非共產國家的藉口外，已不再具有深刻意義。今日，關於人權的爭議，已經無關乎人權的價值與性質等理論性問題，而是關於人權在各國的實施情況，也卽在個別國家，人民享有的人權是否充份與合理，及人權違犯的事實認定等問題。

二十世紀，出現了兩種極權政權，其一是一九三〇與四〇年代德國與義大利的法西斯政權，此爲右翼的極權；另一是蘇聯與中共等共產政權，爲左翼的極權。這兩種極權政權違犯人權都極爲嚴重，納粹德國在希特勒與希姆萊主持下，曾殺害六百萬猶太人，共產蘇聯在史達林、耶古達、葉佐夫、貝利亞主持下，也曾整肅大批政治上異己份子與富農（kulak），在集中營中拘禁了千萬人民，中國大陸在毛澤

東、康生、謝富治、江青等主持下，於文化大革命期內，曾侵害許多知識份子的人權。大體而論，這些集權政權，除在一定限度內，損及一般人民的人權外，還特別殘害根據其意識型態而認定的敵人：右派極權主義者爲狂熱的民族主義與種族主義的產物，其依意識型態規定之敵人爲種族的異己份子，即所謂「低級種族或民族」。納粹德國爲求國內民族的純粹，決定徹底消滅德籍猶太人：而爲消滅「低級民族」或使其成爲「高級民族」的工具，決定消滅征服國的猶太人及波蘭國的知識份子及其他社會精英；左派極權主義者對「階級敵人」也不寬容，不是予以整肅（史太林式），就是剝奪其公民權，予以勞動「改造」。此外，一切極權主義者對政治上批評其領導者政策的人，均嚴加打擊，不容其享有政治人權。

除了極權政權外，一般非民主的政權，也常常成爲人權的侵害者，但程度與範圍比極權政權可能較小。在西方國家，種族主義與種族歧視有其深厚的基礎。「白人優越感」或多或少地存在於大多數歐美國家或歐美民族建立的國家如南非共和國、澳洲、紐西蘭等。當歐美民族主宰一個包容其他種族或民族的社會時，種族主義或歧視就可能以不同的程度出現，造成各種程度的人權問題。

當然，這類人權問題，是按這些社會的政治、法律、社會、經濟等條件而異的，其處理與解決方式也不一樣。一個極端而孤立的例子是南非共和國，南非是少數統治多數的國家，少數白人（約四百五十

餘萬人）享有政治權利及經濟的特權（二百七十萬雜色人種（黑白混血）與八十七萬亞裔人（印度人爲主）則享有極爲有限的參政權），多數黑人（二千二百萬人）則完全沒有參政權，在經濟上則爲被剝削者。南非的剝奪多數黑人及其他有色人種（如境內的印度裔居民）的人權，曾引起舉世的關切，聯合國也曾決議譴責，南非政府近年來，由於內外情勢的交迫，其對黑人的地位，已在作改善的努力。以往南非立場的形成，有其理由：首先，南非的白人，主要爲荷蘭的清教徒移民，大多以農耕爲業，甚爲保守。其在殖民過程中，曾與黑人中的祖魯(Zulu)族發生血戰，後又與英國發生戰爭（所謂 Boer War）。自認其土地的獲得，甚爲不易，應該保有；並自認其前往南非，爲「開化」異教徒，使其獲得「文明」果實。而且，他們堅信黑人智質魯鈍、缺乏創造力，如無白人的指導，不能發展文明。其次，黑白人口比例的差距甚大，白人常有「被包圍」的心理，一種危機感或「憂患意識」令其相信如對黑人在政治上稍作讓步，會激起其更大的要求，如此，如河堤的缺口，將一發不可收拾，故堅持其「決不改變」的政策。

　　美國的人權問題，也大多來自種族歧視，主要是南部白人對黑人的歧視。南部白人對黑人的歧視與隔離政策在一九六〇年代以前，是透過州政府的公權力與州議會通過的法律來達成，其時聯邦法院及行政當局對這類州權的不當運用並不加以干預，多多少少協助此種情勢

的維持。一九六〇年代以後，聯邦國會與法院的態度改變，已使南方白人不能藉州政府的公權力與州議會的立法權來達到削弱黑人民權的目的；在甘廼廸、詹森爲總統時，聯邦國會並通過一系列民權法案，來積極促進黑人民權（如投票權），這些法案執行的效果，並不一致，若干法案效果較佳，若干則未能有效執行。此外，華倫爲院長時，聯邦最高法院對涉及黑人及其他少數民族的民權案件，採取積極態度，俾削弱種族主義的影響，然而，華倫及其他數名自由派法官離職或逝世後，聯邦最高法院已由較保守的法官據優勢，其對民權已無復往日的積極態度。

大體而論，美國今日已不再有藉議會立法或行政公權力來推行種族主義政策或危害非白人之人權的情形。然而，白人中，仍有不少人利用社會力量（如若干工會，公司的雇用員工的權力）來限制黑人或其他少數民族的權利。聯邦政府：國會與法院在積極促進民權方面，較一九六〇年代，熱忱已減低，因此許多積極政策的效果並不理想。

在開發中國家，主要的人權的問題計有兩類：一類涉及政治異議份子的政治人權；另一類涉及社會上較貧窮階層的基本生存權。由於大多數開發中國家，政治並不充份民主，權力集中於少數寡頭之手，然而，由於西方文化的影響，國內知識份子與其他中產階級份子要求民主憲政的慾望甚強，其言論與行動，必然與寡頭的利益發生衝突，知識份子與中產階級中的政治積極份子中，頗多政治異議份子，這些

人因從事激進的政治活動，常被拘禁或放逐。這類人權問題在大多數拉丁美洲國家、中東阿拉伯國家、伊朗、土耳其、巴基斯坦、印尼、泰國、菲律賓、阿富汗、韓國、非洲國家都曾發生，這類人權問題的處理與解決，必須依賴這些國家政治民主化的達成。另一類人權問題之發生，一方面是由於大多數開發中國家的生產落後、社會貧窮，另方面是由於這些國家中貧富不均的情形，極為嚴重。在若干國民平均年所得不足二百美元的國家中，有年薪數十萬美元的巨富，則這些國家貧窮者的生計之艱難，當可想見。這些貧窮者包括農民（甚多自己並不擁有耕地），都市中之大批無業者，半技術或無技術勞工等。這些階層人權的改進，必須透過大規模的經濟發展與社會改革（包括土地改革，更有效的累進所得稅及有效的節育政策之推行……等），這些將在專章中作較詳細討論。

肆　自由與平等

自由與平等，為人重視的兩種價值，也是人權的兩種基本的內涵，有人說自由主義者的人權觀念，重心即為自由；而社會主義者的人權觀念，重心即為平等，因所謂經濟與社會的人權，實際上即是經

濟分配上達到「平均」，在人的社會地位上，消除因財產差異造成的不平等。

在以往，有人把自由與平等當作對立的，若干自由主義者甚至認為一個平等的社會，必定是藉消除人天生的差異，抹殺個性，阻遏自我發展，杜絕競爭造成的，因而必然是不甚自由的；也有些主張「平等」的人則認為「自由」即容忍強凌弱，鼓勵自私自利，忽視社會責任，也即助長不平等的情況。今日，這類誤解已不嚴重，大多數有識之士都相信自由與平等在原則上可以併存與兼顧，而且應該如此；然而，如何達到兩者適當的平衡，仍不無困難。

在西方社會，保守的自由主義者一般認為自由比平等重要得多，而所謂「自由」，不僅是基本自由，而且應包括經濟活動的充份自由，亦即政府對私人經濟活動應減少干預，他們特別重視財產權，並對財產權的保護作廣義的解釋，他們認為政府為促進社會福利增加稅收，即是對財產權的一種侵犯。保守的自由主義者反對政府（尤其行政官僚）職權的擴大，其表面的理由是政府權力過大會危害人民自由。其實，真正的理由是今日西方國家政府職權的擴大，大多是由於政府干預私人經濟活動與提供社會福利的任務增多所致，而這些正是保守派所反對的。保守的自由主義者心目中的平等，僅限於「機會的平等」，與法律地位的平等，而非經濟、社會的平等。

力主社會福利的自由主義者則對平等的價值相當重視，他們對人

民的財產權與個人經濟活動的自由並不否定，但認為私人財產權如與社會中其他成員的生存權發生衝突時，財政權應受節制；個人的經濟活動倘若危害公平競爭或社會公益，也應受限制。他們心目中的平等，不僅是指機會平等與法律與政治地位的平等，還包括某種程度的經濟與社會平等及在享受社會生活的利益方面的平等（更確切地說，是減少過大的不平等。）

社會主義者並不統統忽視「自由」的重要性；他們認為在資本主義社會，由於私人財產制與生產工具的擁有權，造成極大的不平等，此種不平等已使政治與法律的平等失去意義，貧窮階層的自由已成為形式，既不能用來改進其生活，也不足以保衞其人格的尊嚴。因此，他們主張欲獲致真正的全社會人民的自由，經濟與社會的過份的不平等的現象必須消除，此應從生產工具擁有權之改制着手。

雖然在民主憲政國家，自由與平等的平衡保障與追求，自一九三〇年代以後，已成為各主要政黨主政的政府一致的主張，但各黨的政策強調的重點，仍有不同，較保守的政黨主政時往往藉口維護自由，而略為削減社會福利與政府職權，並減少政府管制私人經濟活動之措施；而在較不保守的政黨主政時則往往較重視社會福利政策，並較多干預私人經濟活動，為此他們並不在乎擴大政府職權。此種不同的重點，常引起爭執。在今日西方國家，對政府職權的範圍，私人經濟活動的自由程度、財產權的爭議，是相當普遍持續而強有力的。

伍 自由與國家安全

在憲法諸種人權條款的具體實踐上，「自由」——尤其是表意自由，集會結社自由等引起的問題最多。這些問題的引起，原因之一是這些自由各有其界限，在具體的情況下，一種言論或行動是否逾越這個界限往往頗難認定；另一個原因是在若干國家，出於國家安全之考慮，對這些自由所加的限制較大，這些限制是否適當也不易認定。茲分別討論如下：

我們都知自由雖然重要，但並非沒有界限的，在羣居的社會，人的言行必須考慮別人的利益，彌勒的名言「人沒有在擁擠的劇院中隨便高喊失火的自由」，說明自由應有其界限。但這種界限應置於何處？應由何人決定此界限？這些問題甚為困擾，在不同社會引起甚多爭議。

原則上，表意與言論應比行動的自由範圍更大，但卽使言論與意見之表達也有其限制；大體上，若干種意見或言論受到節制：諸如教唆犯罪者，危害社會公序良俗者，鼓動以暴力顚覆以憲法程序產生的政府者，破壞別人名譽者。但一種意見與言論是否屬於以上任何一類，不能隨便認定，其認定必須按若干原則：㈠由司法機關作權威性認定，卽凡涉及此類案件，司法訴訟的程序應予採取，並由獨立於政治壓力的司法機關來裁定；㈡認定與鎮壓這類意見與言論，必須按照

法定程序，由依法具此類職權的機關爲之；㈢一種意見或言論是否屬
於以上任何一類的認定應從寬，即應盡可能尊重憲法自由。就言論與
意見自由而論，政治性言論是否應受憲法保護的問題最具困擾性，在
美國與英國等國，於冷戰期內，對這類言論的限制較爲嚴格，但即使
在冷戰期，其法院在處理這類言論問題時，也相當愼重，大體而言，
它們一方面把言論與意見以其發表的方式與場合等分爲單純的表達、
鼓吹（advocacy）等，如爲單純的表達，即使爲「顚覆政府」的理
論，也往往不禁；另方面它們發展出若干準則，如「明顯而立卽的危
險」（clear and present danger）與「惡劣傾向」（bad tendency）
等準則，作爲衡量某一言論或意見是否應禁止的依據，這些準則以
「明顯而立卽的危險」最爲通用，根據該項準則，一種意見與言論必
須對政治秩序產生嚴重的危險，而且其危險明顯是由該言論引起，而
且危險立卽會出現，才可加以處罰❸。

　　至於行動，其自由範圍比言論爲小，但一種行動應否禁止或行動
者應否受罰，也應依法定程序由法定機關審愼爲之。行動中，尤其涉
及人民的政治權利的，更應獲得良好之保障，集會結社自由攸關政治
權利，因倘無此種權利，人民的參政權會直接受到危害，故其限制必
須格外愼重。

---

❸　參閱 Geoffrey Marshall, *Constitutional Theory* (Oxford, 1971),
　　pp. 177–179.

　　言論與表意自由與集會結社自由在開發中國家往往因國家安全的考慮而受到限制，在不少開發中國家，由於政治不穩定、經濟落後、政治競爭缺乏良好傳統，人民爲種族、階級、部落、宗教的分歧分割爲種種互不容忍的「集團」，受外國影響的顛覆份子伺機而動，其國家安全問題自然相當嚴重，對這些自由作比西方先進國家作較多的限制，也許並無不當；然而，在若干國家，統治寡頭也往往藉口「國家安全」需要，限制人民的自由，以維持其統治特權，並阻止可能不利其權力之政治力量的出現，這是菲律賓馬可仕、印尼蘇哈托、埃及沙達特之流的慣技，這是對人權不當的侵犯。

第五章　民主政治

　　民主已成為大多數世人擁護的政治制度或生活方式。根據聯合國教科文組織一項問卷調查，幾乎每個文化區的人士都認為民主政治是他們應採用的，但對民主政治的性質與內涵存有相當多的歧見。❶ 今日世界上的一百八十餘國家，幾乎都自以為是民主的，譬如史達林執政時，蘇聯常自詡為民主國家，東歐的共產國家也都命名為「人民民主」國家，它們常常詆毀西方國家為資產階級統治，不算真正民主國家，印尼在蘇卡諾執政時，也大肆推行其所謂「指導的民主」。在這種情形下，「指鹿為馬，指馬為鹿」的現象就相當普遍，除非我們作一番客觀的探討，鹿與馬就不容易分清了。我們在本章中，擬對民主政治的性質作一番分析，並詳論民主政治實踐的一些課題。

---

❶　參閱 A. Naess and S. Rokkan, "Analytical Survey of Agreements and Disagreements" in Richard Mckeon, (ed.), *Democracy in a World of Tension* (Chicago, 1951). 此又為根據聯合國教科文組織請一萬位學者界定「民主」的問卷答案而撰寫的。

壹 「民主」的涵義

「民主」一辭，字面的定義，甚爲簡單，此辭來自希臘，希臘文之意卽爲人民的治理，英文 democracy 中字首 demo，卽爲人民，cracy 卽爲治理，但這種字義的詮釋，實際上意義甚微，因所謂人民的治理，當然不可能指全體人民同時擔任同樣的治理的工作，換言之，人民治理必須藉某種方式，某種程序，某種制度以達成。我們如欲瞭解民主，就不能不探究這些方式，程序與制度，不能僅以記住以字義的界說自滿。

古往今來，世人給予民主的定義，是相當多的。林肯的名言「民有、民治、民享」也曾被人用來界定民主政治，倘若我們把這三者作爲民主政治制度下，人民應處的地位，林肯之言是頗有價值的，但作爲界說，則並不妥當，其他種種「界說」，也都有以偏概全或曖昧不清或過於空泛諸弊。因此，我們認爲讀者應主張放棄把民主作一個簡單界說的習慣。

一般試圖瞭解民主的人，常爲一種現象所困惑：有些研究者把民主單純地視爲一種政治制度，另一些研究者則把它看作一種生活方式或社會整體的現象。如把民主當作一種政治制度，則我們僅需指出這種制度的特色，及其運作的情形，就可剖析民主，如把它視爲一種生活方式，就複雜多了，則所謂民主就不全然是政治意義的，也具有文

化的，社會的意義；就不單純是制度，而涉及觀念、價值、規範與態度了，更有些人企圖把這兩種意義的「民主」結合，在其探討中，特別強調制度運作的非制度基礎或動力，這類研究，雖然有其價值，但對於試圖瞭解民主的初學者，往往製造相當嚴重的混淆。

傳統上，許多把民主當作政治制度的人士認爲該項制度具備以下諸項特質：（一）人民主權，（二）責任政治，（三）多數治理，（四）尊重少數與個人，玆分述如後：

（一）**人民主權**：這原則強調國家的主權是屬於全國人民的，在不少民主國家的憲法中，都特別標明此點，這是洛克政府必須建立在被治者的同意（consent of the governed）的觀念之反映。「人民主權」說起來很堂皇，但如何才能把這觀念具體實踐與落實，其實並不簡單。一般民主國家藉選舉，國會的運作與輿論的作用來表示「人民主權」的存在，但這些都不無問題，使「人民主權」無從充份體現，有些人士認爲「人民主權」實際爲一「虛像」（fiction），其目的與柏拉圖的「神話」是一樣的。旨在使人民願意接受精英的支配與指導。這種說法，可能稍嫌誇張，但把「人民主權」作爲民主的特質之一，其地位確實比較脆弱。

（二）**責任政治**：所謂責任政治，乃是指執政者對其政策的成敗，要負政治責任，在民主國家，執政者的產生是透過選舉，選舉前，候選人把其欲實施的政策呈示於選民之前，理論上選民是依據

「政見」投票的，候選人之當選表示選民授權他實行其政策，一旦政策失敗，就表示他的政策不妥或他的能力不足，他求取連任的希望就渺茫了，此就是政治責任。此外，行政部門在施政時，要接受立法機關與輿論監督與批評，一切作為必須依法，並不得逾越職權或濫用權力，倘若不依法行事，或越權或濫權則會受到罰戒，此也為政治責任（或行政責任）。責任政治確實是目前民主國家與非民主國家的一大區別，非民主國家雖然也有選舉，但主要執政者的在位，不是選舉決定的。然而，我們也不得不指出真正的責任政治原則之貫徹，即使在今天的民主國家也是相當困難的，選民投票未必根據政見，也未必是理性的，他們中有些人完全依自己情感來投票，因而選舉未必能成為貫徹政治責任的方法，議會之監督每因議員們的政黨與其他歸屬之私利的影響，而對同黨或同派官員盡量「護航」，對敵黨則盡量攻訐；此外，議員們也常徇私。對政府官員的「監督」常常不當或流於形式，無助於政治責任的貫徹；輿論則因大眾傳播媒體為大企業或政黨所操縱而不能忠實反映民情，當然也就不能成為貫徹政治責任的利器。

（三）**多數治理**：我們倘若詢問一個對民主政治僅有膚淺認識的人，民主政治的主要特性為何？他很可能會說是多數決，或「少數服從多數」。的確，「多數決」或多數治理是民主政制運作的基本原則：在選舉中獲票最多的候選人當選，在國會中一項議案辯論終結時表決

是依多數作取捨的。由於「多數決」使用得多了，它被一些人看作「神聖」了，好似「多數治理」就等於「理想的治理」「智慧的治理」，其實，這種想法是缺乏根據的，「多數治理」的普遍採用，並不是它具有什麼「神聖性」或「理想性」，而是因為下述基本理由：

(1) 倘若我們要「民主」，就不能沒有「多數決」：盧騷是批評「多數決」最嚴酷的，也確實能深刻地指出它的「缺點」：盧騷認為政治社會每個成員的參加該社會，是希望能維護個人自由，尤其是其自由意志，多數決對少數是殘酷而不公正的，它不僅使少數的自由意志難以伸展，而且還逼迫少數去做他們反對的事，因此，盧騷認為「全體一致」的決定（unanimous rule）應代替多數決。盧騷的建議在純粹理論上是言之成理的，只可惜我們生活的世界不能依賴純粹的理論，倘若我們在集體決定時，堅持全體一致的決定，將無法達成任何決定，或者可能使達成決定的時間化費過多，使決定失去時效。既然全體一致的規則是行不通的，在民主的原則下，就只得採用多數決了。然而，為期減少其對少數的「壓迫性」，尊重少數與個人的原則是必要的，否則多數統治有淪為多數暴政之虞。

（四）**尊重少數與個人**：關於民主國家，多數與少數的關係，有兩種頗饒趣味的看法。根據第一種看法，多數與少數不是固定的，多數可能變成少數，而少數則可能變成多數，這種改變的過程無時無刻不在進行着。這種說法，倘就兩個「政見」的集合體來說，是相當正

確的，但以其他因素如種族、宗教……等結合的少數，有的可能永遠變不了多數，例如美國的黑人，在漫長的時間內，不同的政黨交替執政，但這一少數集團直至一九六〇年代都是受忽視的，在美國政治體系內，黑人擔任重要公職的人數始終與其人口不成比例。根據另一種說法，在多元的民主社會，並無一個固定的多數，僅有很多「少數」，但按不同的政策課題（issues），這些少數結成贊成與反對的兩種「聯盟」，這種「聯盟」較大的，即爲多數，這一理論的最週全的發展是卡爾洪（John Calhoun）的所謂滙合的少數（concurrent minorities）的說法。這種說法，其後又影響道爾（Robert Dahl）的民主理論。❷ 這種說法確實能給予我們瞭解民主國家多數與少數關係一個很有用的指引，但是，我們必須指出，有些「少數」，由於其個別的特殊性，不可能因其對政策課題的立場，而與其他的少數結盟，換句話說，這些少數是永遠在「主流」之外，不能「滙合」成渠。譬如黑人在一九六〇年以前，就是如此，即使今日，其爲其他集團接納的程度也較低，以往美國民主黨只有在選舉時比較重視黑人的意見，一旦選舉過後，黑人仍然是受忽視的。

姑不論多數與少數的性質爲何，其關係爲何，在民主社會，多數尊重少數的原則則是甚重要的，其重要性不僅是由於它能減少盧騷所

---

❷ 參閱 Robert A. Dahl, *Polyarchy: Participation and Opposition*(New Haven, 1971).

提出的「多數暴政」的「壓迫性」，而且其對政治秩序的安定也有貢獻，因為倘多數一貫不尊重少數，則少數可能會憤而不理會多數決的約束，甚至不願與多數共處，歷史上許多政治社會的分裂主義運動都因多數不尊重少數引起或惡化。

多數尊重少數原則的實踐，有兩個層次：一方面多數的風度與態度，這是民主的政治文化的層次。譬如多數應在決策時主動考慮少數的尊嚴與利益，避免對其作不必要的損害，並在達到多數政治目的時，如少數的利益與其並無矛盾，則能盡量顧及；在重大問題上，即使多數能憑己力獲得成功，也能顧及此舉之不良政治後果，而與少數協商謀求妥協；多數能容忍少數意見與言論，不因人廢言，而能理性地判斷其意見；多數一貫以誠信與公正的心理與態度對待少數等皆屬必要；另方面制度的安排，這是民主政治結構的層次。譬如在國會中性質不同的問題上，議案通過所需的「多數」是不同的；一般性問題由簡單多數決定，若干問題由三分之二多數決定，有些則由四分之三多數始能通過；否決權的採用；議員發言時間儘量延長的規定（如美國參議院的 filibuster）：在一些所謂協同民主（consociational democracy）的國家，整個政府都透過種種制度安排來保障少數利益。❸

---

❸　Arend Lijphart. *Democracy in Plural Societies: A Comparative Exploration* (New Haven, 1977).

除了尊重少數，還要尊重個人，尊重個人的原則是體現於憲法中關於人權的條款中，這些人權條款有的完全在維護個人人格的尊嚴，自主與不可侵犯性。此外，尊重個人也表現於個人在與政府接觸時獲得的待遇上，在「官尊民卑」的觀念籠罩下，東方國家的行政官員對人民的態度往往倨傲不遜，這與民主政治的尊重個人原則是牴觸的。

道爾的民主觀，特別強調政治職位的競爭性，倘若政制的競爭性愈高，它就愈民主，否則就不甚民主。道爾根據此點，認為目前世界上眞正的民主國家僅二十九國而已。❹ 道爾這一觀念，也有助於吾人瞭解民主的涵義。

貳 民主政治的實踐

民主政治發源於古代希臘，人們慣於稱古代雅典爲民主的搖籃，這當然是正確的說法，但是，我們也不能忽視古代雅典的民主政治與我們今日所瞭解的民主政治在觀念與制度兩方面都存有極大的差異。就制度而論，古代雅典的民主是所謂「直接民主」，而今日的民主國家實行的是「代議民主」。直接民主只有在「小國寡民」的社會才能實行，因此，在人類歷史上，除了古代雅典，就沒有其他的實例了。古代雅典是一個城邦，其人口約在二十萬至三十萬之間，有權利參政的男性自由公民僅四萬餘人，事實上，在同一時間內參加國民大會議

---

❹ 參閱 Dahl, *Polyarchy.*

事投票的，不過數千人而已。在雅典的制度下，擔任公職人數甚多，而且一般性公職沒有資格限制。由公民輪替擔任，任期甚短，此爲其直接民主的另一特色，但是，才能卓越之士，往往能擔任具有實權而任期較長的職位，發揮所長，如柏利克里斯 (Pericles) 爲公元前五世紀時雅典著名的政治家，在相當長的時間內，他以「將軍」的身份，爲雅典的實際領導人。可是，其領導方式主要是靠辯才，來說服別人接受他的建議，不能憑藉職位。在基本觀念上，古代雅典的民主與今日民主國家的民主，也頗不同。古代雅典人幾乎把城邦這一政治社會視爲一種有機體，每個公民都應與它完全認同，他必須毫無保留地參與其一切活動，雅典人強調的個人主義與今日的個人主義是完全不同的，雅典人之個人主義乃是指每個個人都應培養他德智體羣的一切潛能，成爲一個完美的個人。此一完美的個人應積極參與城邦的一切事務，體現「人爲政治動物」的觀念，倘若他不去參加，就類似亞里斯多德所說的，如果不是神就是低於人格的非人了；現代的個人主義是指每個人應有權決定他自己的生活方式，他對社會固然具有某種義務，但該項義務不是無限的，也不是無條件的，只要他負擔了這些義務，他願不願意參與更多的社會事務，是他自己的事。根據現代自由主義的觀念，國家決不是有機的，它不過是個人爲實現某些有限目的的組合，爲個人的一種工具，它不能要求個人無限的奉獻。事實上，個人有其自己的人生目的：宗教的、道德的、藝術的、科學的、

經濟的……，他勢必以自己的個別目的爲重，把公民角色視爲次要。雅典的觀念是城邦直接民主的精神基礎，倘若雅典人沒有這種觀念，其直接民主必然失敗。而我們今日的觀念已迥異於雅典，「小國寡民」的情況也已不存，直接民主自然已不可能實現了。

直接民主雖然已不再可能，但人類對直接民主的憧憬仍然相當強烈，許多對代議民主制下代議士的素質與作爲不滿，或認爲代議制無法充份反映複雜而多樣的民意的人士都曾把恢復直接民主（或作某種程度的恢復）視爲一項理想。這證明「直接民主」仍可當作我們改進代議制的一個標準，因此，研究該項制度的意義不僅是歷史的。

代議民主是今日民主政治實踐的唯一制度。代議制是民主國家政治制度的重心，其立法機關是完全根據代議原則設置與運作的，其行政機關則部份是依代議原則的（政治部份），另一部份雖然不按代議原則（行政部份），但必須對「政治」部份負責；司法機關雖不按代議原則設置，但司法人員任命所依的法規與標準皆由代表民意的立法機關決定，而人員的任命雖由行政首長爲之，但往往需立法機關同意。代議民主是否眞能實踐民主的精神，是一個有趣的問題，我們在討論政府的組織與運作時，將加討論。

叄　民主的條件

雖然大多數人都期望其國家實行民主政治，但眞正的民主國家爲

數頗少。許多開發中國家在甫告獨立時，頗有實行民主的意向，它們都採用了仿自歐美的憲法，建立了三權分立的制度……等，但獨立後不久，這些國家就從民主的路上退縮，有些國家成立了軍事獨裁，禁止一切政黨活動，解散了民選的國會，代之以執政者自己選拔的橡皮圖章式的國會，司法獨立也名存實亡，政治異議份子不是流放國外，就是囚禁於特設的監獄中；有些國家，領導者漸漸濫權與跋扈，他們可能保留了制度的外表，但其作風與施政，則已不再符合「民主」原則了，這些領導者可能使用「指導民主」「非洲民主」……等藉口，來維護他們的作爲，並減少反對力量，但民主政治在這些國家事實也已不存在了。開發中國家民主試驗失敗的事例，及世上眞正民主國家數目之稀少，說明實現民主政治，並不是輕而易舉的，一個不民主的國家發展成民主國家，必有其理由。我們探究這些理由，似乎有兩種途徑可資採用：一種是對公認的成功的民主國家從不民主的政制走向民主的過程，作歷史的探索，另一種是比較民主的國家與不民主的國家，找出其在社會結構、文化……或其他方面的差異，再以這些差異爲出發點，作來邏輯的推論。若干學者從這兩種途徑的研究，得到一些結論，似乎顯示民主政治的具體實踐，其成功有賴於若干條件：

　　第一類是經濟的條件：學者們發現過份貧困的社會，實現民主比較困難。❺現有的民主國家，經濟發展的程度，一般來說，均高於不

---

❺　Seymour Martin Lipset, "Some Social Requisite of Democracy.

民主的國家，如以地區來分，亦復如此。經濟的條件之重要性可作如下解釋：除非一個社會的經濟達某種水準，其識字率不可能達一定標準，識字率過低的社會，大多數人民對政治不可能發生興趣，政治知識也可能相當貧乏，而且在生活逼迫的情況下，不易理性地看待或處理政治問題，容易受反民主的野心家誘惑或煽動去從事暴力的政治活動；經濟情況過差的社會，政治不易穩定，緊急情況時常出現，人們對民主的迂緩決策程序可能失去耐心；而且經濟發展程度過低的社會，民間組織，利益團體都不夠發達，不足以構成一個各種社會力量互相制衡的多元社會。然而，經濟條件儘管重要，我們不宜存有經濟決定論的想法，以為經濟條件差的社會，即使其他條件充份，也無法實行民主政治。印度的經濟條件甚差，但一九四七年以來，實行民主政治已獲得大體上尚稱良好的成就。此外，我們雖然知道某種程度的經濟發展有利於民主政治，但這程度究竟為何，研究者仍乏定論。

第二類是社會的條件：「實行民主政治仰賴一個民主的社會，」是一種普遍流傳的說法。的確，這說法並非沒有道理，唯一的缺點是不夠明確。如何的社會才是民主的？這是一個甚難回答的問題。有些人從社會的階層化來判斷其民主的程度，階層化高的社會就不如階層化低的來得民主，或者，舉例來說，英國就不如美國民主。也有些人

(續)Economic Development and Political Legitimacy," *American Political Science Review*, Vol. 53, No. 1 (March 1959), pp. 69-105.

則從社會的流動性來判斷，流動性高的社會是民主的，反之則不然，所謂「流動性」可指人的流動——職業角色與地位身份的流動，及居住與工作地點之流動——，也指觀念與知識的流動（開放性）。也有人從社會的多元性來判斷，倘若一個社會的組織類型複雜，權力分散，則比較民主，倘若一個社會其權力（經濟的、社會的……）皆集中於少數寡頭集團手中，則實行民主的成功機會就甚小。此外，一個社會分歧過多過大（宗教的、種族的、部落的……）缺乏基本共識的社會，也無法輕易達成民主。❻

　　第三類是文化的條件：文化生活足以影響人民對事物的態度與觀點及處理問題的手段與方法。民主政治是一種講究理性、妥協、容忍異見的政治，這種種人格特質與態度只有在一個開放、開明的文化環境中才能培養，在一個重視科學與實證知識，不尚迷信與盲目崇拜權威與教條的學術環境中才能生根。❼

　　第四類條件是政治的條件：一個國家的政治精英，尤其是居崇高職位的份子，如果能堅持民主政治的理想，不因自己的權力慾或施政的方便，而放棄它，則實行民主的可能性就增加甚多，譬如美國聯邦組成後，首任總統華盛頓出任總統兩屆後，就拒絕了別人勸他連任的

---

❻　但也有不同的看法，如 A. Lijphart 的 consociational democracy 之觀點參見❸。不過，建立 consociational democracy 並非易事。
❼　如英國哲學家 B. Russell 就特別強調此點。

一切要求，解甲歸田，他的決定對美國日後民主的發展，頗有貢獻；又譬如印度獨立後，國民大會黨領袖甘地、尼赫魯等人，聲望甚隆，他們在百般困難中，堅持民主憲政，這對印度的民主政治之維繫，有極重要的積極作用。

肆　民主憲政與自由

民主與憲政原本是分開的兩個觀念。憲政的國家，未必皆是民主的，譬如十九世紀中葉的英國，下議院的地位已經鞏固，政府的權力已受到限制，其施政必須按法定的程序與規範，人民的自由與其他人權已獲充份保障，可說已成為一個不折不扣的憲政國家，但選舉權仍未普及，大批國民未能參政，故不能視為民主國家。

又民主國家在理論上未必一定為憲政國家。（事實上，則民主國家既為憲政國家）例如泰孟 （Jacob Talmon） 的名著《極權的民主》 (*The Totalitarian Democracy*) ❽ 曾探討極權民主之可能性，並剖析其理論。托格維爾（Alexis de Tocqueville）也曾探討「多數暴政」為內涵的民主。❾

事實上，今日的民主國家無不為憲政國家。民主憲政已成為一體

---

❽　Jacob Talmon, *The Origins of Totalitarian Democracy* (New York, 1960).

❾　參閱 Alexis de Tocqueville, *Democracy in America* (New York, 1954).

之兩面。「民主」旨在強調政府的權力基於民意，「憲政」則顯示其權力的獲得與行使都必須依照憲法所定的規範與限制。「民主憲政」的涵義爲政治權力關係的某些基本部份，係由憲法所釐定，即使一時的民意也不能變更，此乃維持體制的穩定性，並節制暫時性的民意所需者；而此關係的非基本部份，則必須隨民意而變動；基本部份則只有在民意的改變已定型化，具有相當穩定性時，才能更動。此即修憲的涵義。

　　民主與自由原本亦爲分立的觀念。自由的國家，未必是民主的，而民主國家，也未必是自由的（「多數暴政」對少數而言）。但今日的民主國家，無不強調自由，而且皆爲自由國家。因此，今日討論民主，就不能不討論自由。許多民主國家皆以保障個人自由爲其重要的政治任務。

　　民主國家政治團體標榜者有些是自由主義的民主（liberal dem-ocracy），有些是社會主義的民主（social demccracy）。前者以英美的自由主義政黨（保守、共和黨、民主黨）、法國西德的保守政黨（戴高樂派政黨、基督教民主黨）爲代表，後者則以歐洲與拉丁美洲的非共的社會主義政黨爲代表，雖然自由主義民主着重在以民主的手段來保障個人自由，社會主義民主則以民主爲方法來實行社會主義，但在實際上，自由主義的民主固不能不採取「福利國家」的政策，而社會主義的民主也必須保障個人的自由，兩者的區別已不如理論上之

明顯與尖銳。⑩

---

⑩　另有所謂基督的民主 (Christian democracy)，爲羅馬教廷所提倡，
　　主張勞資應和睦相處，以基督的精神，對待對方，同謀大家的福祉。中
　　歐與南歐的基督教民主黨皆持此理論。

第六章　極權獨裁

　　大多數國家的統治者都自稱其政治制度是民主的，但實際上，世界上獨裁國家的數目遠超過民主國家。因此，獨裁政治是很值得研究政治的人注意的。在本章中，我們擬對獨裁政治作一般性的說明，並對獨裁政制兩大主要類型之一的極權獨裁制加以剖析。

壹　獨裁政治之特徵

　　歷史上，權力極大，而又能按己意行使它的政治領袖相當多，曾以不同的名稱被人稱呼，獨裁者（dictator）是這類領袖的一型。獨裁者這個名稱，首先出現於紀元前五〇一年羅馬共和國時代，係爲對付第二次普尼克戰（Punic War）後的緊急狀態而設置的，其目的在彌補兩個執政官分權所造成的決策遲緩，其含義是把羅馬君主國時代的君主暫時恢復，但獨裁者的權力仍有其限制，而且一旦危機結束，獨裁者立刻把權力交還元老院。羅馬時代以後，「獨裁者」一辭專指權力不受憲政限制（或僅名義上受限制）的國家之領袖，如希特勒之

流。以獨裁者爲首的政制，即所謂獨裁政制（dictatorship），此名辭充份顯示獨裁制的「人治」特性。

中文「獨裁者」一辭，也可用來指西文中的 autocrat，例如舊俄的沙皇，往往被稱作 autocrat，此辭的意義爲其權力之合法性之依據係來自自己的意志。 autocracy 係指「一人的治理」。事實上，dictatorship 與 autocracy 是有區別的。前者在表面上仍標榜其權力來自「人民」，後者則表示其權力來自統治者本身，如沙皇即是如此。如今，世界上似乎只有兩個 autocrats，即沙烏地阿拉伯的君主與約旦君主胡笙，他們都認爲其權力來自他們本身的血統。（回教創始人穆罕默德後裔）。 由於這兩型政治領袖實際權力上差別不大， 我們在此統稱其爲獨裁者（dictators）。

獨裁政制與民主政制的主要區別，可按獨裁制以下數項特性加以說明：

（一）在獨裁國家，重大政策的決策權集中在一人或少數人手中： 其決策過程， 甚少受民意、 國會、 或政府以外的勢力之影響；（當然，不是絲毫不受影響）

（二）在獨裁國家，獨裁者及高級政治官員的職位之保持，受民意的影響甚小；

（三）在獨裁國家，國會在決策過程中，扮演的角色，即使不是全然象徵性的，也僅具邊際作用；

（四）在獨裁國家，與執政集團具平等競爭地位，並能依法取代它組織政府的合法反對集團或勢力是不存在的。

現有的獨裁政制又可分爲兩大類：（一）極權的獨裁政制（totalitarian dictatorship）與（二）威權的獨裁政制（authoritarian dictatorship）。此兩大類又可分爲若干小類，見圖 6-1：

極權的獨裁政制 { 納粹（極右）
　　　　　　　　共黨（極左）
　　　　　　　　……法西斯（墨索里尼義大利）
　　　　　　　　　（佛朗哥西班牙）

威權的獨裁政制 { 政黨的（坦桑尼亞）
　　　　　　　　軍人的（智利，韓國）
　　　　　　　　宗教領袖的（伊朗何梅尼）
　　　　　　　　官僚的（葡萄牙薩拉沙）
　　　　　　　　君主的（沙烏地阿拉伯）

圖 6-1　獨裁政制的分類

極權的獨裁制與威權的獨裁制的主要區別在於獨裁者對社會控制的領域與程度之不同，威權獨裁者（集團）的企圖嚴格控制者爲人民的政治生活，爲了減少或消除足以威脅其權力的政治反對與異議份子，他（他們）對人民的政治思想、言論與行動密切注意，倘若這些思想、言論與行動對政權具有威脅性，他（他們）會加以鎮壓；但威

權獨裁者對人民非政治性的思想 、言論與行動， 除非與政治有所關聯， 往往不加控制， 在一個威權獨裁的國家， 人民在政治以外的領域，所享受的自由可能不亞於民主國家；在極權的獨裁國家，獨裁者的目的不僅在維持權力， 而且在徹底改造社會， 爲了這個目的， 他（他們）對人民的思想、言論與行動，不論其屬於政治領域抑或社會與文化的領域， 不僅要加以控制， 而且要予以指導與改造。他（他們）的目的不僅在隔離與消除「毒素」的思想、言論與行爲，而且是要按其理想的藍圖來規劃整個社會的思想、言論與行動，使其有利於新社會的建立與鞏固。❶

極權獨裁國家出現於二十世紀，有其歷史背景：極權獨裁制在蘇聯與德國的建立， 都是一羣具有狂熱的政治信仰的人努力的成果，這些人都相信他們可以理性地規劃社會的未來，整個社會就像一部機器， 可以根據預先設想的藍圖來改建、 操縱與控制， 使其有利於特定的人羣（不論是「無產階級」，抑或「亞里安人種」）這種想法基本上是一種「烏托邦」的思想， 深受歐洲啓蒙時代的理性主義的影響。極權獨裁政制或國家的前身是獨裁政治運動或政黨， 這些運動或

---

❶ 關於極權獨裁制的起源，參閱 Hannah Arendt, *The Origins of Totalitarianism* (New York, 1966)：關於其特性， 參閱 Z. Brzezinski, *Totalitarian Rule: Its Nature and Characteristics* (Middletown Conn, 1968) 與 Carl J. Friedrich and Z. Brzezinski, *Totalitarian Dictatortship and Autocracy* (New York: 1965).

政黨的成員對其政治信仰視爲一種「世俗的宗教」，它出現於充滿危機的社會，由於科學文明的影響，這種社會的知識份子與半知識份子對宗教已失去信心，但根深蒂固的「宗教社會化」使其在處理個人信仰問題上仍不脫宗教的獻身之意識。二十世紀初葉的俄國，與一九二○──三○年代的德國的政治與社會環境適於孕育這類份子；其次，極權獨裁制的成功，必須依賴現代科技文明，現代管理與組織技術與習慣於工業組織之嚴格紀律的人員三者的配合。二十世紀初年的俄羅斯，其廣大農民誠然缺乏科技文明的洗禮，生活散漫，缺乏紀律，但布爾塞維克黨員（知識份子與工廠勞工爲主）則已是這種產物，史達林政權的成就之一就是把這種嚴酷的勞動紀律與冷峻的科技文明加之於廣大農民，使整個國家的農業地區實質上成爲一個龐大的農業工廠。 一九三○年納粹德國則已是這三個因素配合良好的國家， 在希特勒狂熱意識型態及組織才能操縱下，它成爲一個典型的極權獨裁國家，自不足怪。

貳　納粹德國與蘇俄

極權獨裁制最典型的實例，出現於納粹德國與史達林執政時的蘇俄。因此，我們有對此二例加以描敍與分析的必要。

納粹德國（一九三三年至一九四五年）的意識型態，可見於希特勒的著作我的奮鬥（*Mein Kampf*）及納粹的所謂理論家魯森伯（Alfred Rosenberg) 與戈培爾 (Joseph Goebbels) 等的著作中。由於納粹政治理論頗爲膚淺，而且情緒化的成份遠超過說理的成份，這種政治運動的吸引力並不在於其知識性，而在於其能激起生活在某種非正常情境下（如經濟恐慌）的人之強烈的愛憎之情。所謂「納粹主義」含有若干主要成份：（一）「領袖原則」(Führer principle)：納粹運動與體制，皆以領袖爲其核心，納粹領袖希特勒被描繪爲一個具有神秘色彩的「超人」，這個超人被認爲具有非凡的能力與遠見，能領導德國人民到達至高的境界；人民對領袖的崇拜，是納粹主義的一項原則，這與其他的獨裁體制下，雖然也有「個人崇拜」，但被當作病態或政治策略上一時的需要或官僚體制之副產品，是不同的。

（二）種族主義：納粹主義的中心教條之一，就是世界上的種族優劣不同，日耳曼種族最爲優秀，其他種族則缺乏創造性（猶太人），或缺少若干品格的優點如勇敢、耐性……。日耳曼種族有權自較劣種族爭取生存空間。（三）反猶主義：納粹主義的強烈反猶主義與歐洲民族主義者傳統的反猶主義有相同之處，也有相異之處。其相同之處是都認爲猶太人這一「外來民族」由於其「狡猾」與「家族效忠」，在十八世紀獲得法定平等地位後，短短兩百年內，已在主要歐洲國家擁有龐大的經濟勢力，而因爲猶太人並不完全認同於其居住的國家，這一經濟勢力在國際局勢危急時可能不利於國家；納粹主義更強烈的反猶主義另有兩項因素：（1）由於種族主義，納粹害怕猶太人與日耳曼

人通婚，會使日耳曼種族的純粹性無法保持，而喪失其「優秀性」；(2) 由於納粹相信猶太知識份子對若干國際政治運動如國際共產主義運動的熱心，對德國民族頗為不利。納粹強烈的反猶主義構成其外交與內政政策的一項重要主題。

納粹自稱其所實行者為國家社會主義(National Socialism)，也即國家主義與社會主義兩者並重。事實上，納粹從未實行社會主義，其對威瑪共和國的社會主義政黨甚為敵視，其實行者為狂熱的民族主義與軍國主義。

納粹運動的主要參與者與支持者，計有數個階層：（一）德國的較低的中產階級份子：如手工業者、小商人、小企業主、公務員、鄉村學校教員……等，在一九三〇年代經濟情況惡化之時，這些人不僅擔心工作不穩，而且害怕淪落為無產階級，失去「身份」。這些人討厭資本家與工會，對納粹宣傳同時攻擊英美與蘇俄（代表「資本家」與「工會」）甚為支持；（二）退伍軍人與現役軍人，渴望整軍經武，以恢復其職業地位，並支持納粹的強烈民族主義；（三）部份知識份子，其中有些討厭猶太知識份子的職業競爭；（四）若干地區的農民：如德國西北部及東普魯士，及巴伐利亞等地。納粹運動雖為一獨裁運動，其建立的政治體制為獨裁體制，但納粹確實獲得廣大民意的支持，希特勒於一九三三年初出任德國總理乃是大選中獲勝的結果，其後，德國雖無真正的自由選舉，但納粹黨似乎仍獲得相當廣泛的民

意支持。

納粹的體制實爲雙線，即在柏林的政府，與在慕尼黑的黨部，這雙線都以希特勒爲首，他同時依賴政治警察（Gestapo）與納粹黨內的黑衫團爲政府與黨的兩個並行的特務組織控制社會，此外，他極度依賴私人的扈從，其體制的制度化程度並不高，黨政兩方面的爭執相當頻繁與激烈，除希特勒個人特別關心的事務外，行政效率並不高，如依德國民族重效率的性格來衡量，納粹政府的政績並不特別傑出。

納粹政權在一九四五年戰爭中崩潰，它歷時甚短，因此我們無從推測其發展之可能軌跡。納粹政制是一個依賴「個人」甚強烈的政制，其「制度化」的程度相當差，作爲研究極權政治的實例，其興趣主要限於此種政制的興起與建立的探討，對於其他有關課題的探索，並不特別有用。

共產主義政黨執政的國家，現在已有蘇聯、波蘭、捷克斯拉夫、匈牙利、羅馬尼亞、保加利亞、南斯拉夫、阿爾巴尼亞及德意志民主共和國（東德）、外蒙古、北韓、越南、寮國、柬埔寨與中國大陸及西半球的古巴；此外，中美的尼加拉瓜，阿拉伯半島的南葉門，非洲的衣索匹亞、安哥拉，也是以馬克思主義爲執政主力的，亞洲的阿富汗正處於蘇俄侵略勢力造成的內戰中，親蘇的政府軍與反政府武力的鬥爭已持續了將近五年。在這些國家，政治體制的性質並非完全一樣，雖然在若干主要原則上，頗爲雷同。

　　共產主義的意識型態之主要來源爲馬克思主義。馬克思主義爲一涵蓋面甚廣的思想體系。但其對「無產階級」革命後，應建立何種政治體制以爲過渡期（過渡至無產階級、無國家的社會）的政府，並無詳細的規劃，僅表示應建立無產階級專政。此一「專政」體制下，資產階級份子的政治參與權固然會遭到剝奪，但是，由於馬克思認爲無產階級應爲社會成員的大多數人，此種「專政」是否必然爲少數「獨裁」，至少表面上則無定論。唯依列寧的觀點：無產階級本身並不會主動革命，從事革命爲少數「職業革命家」的專長，這少數革命家組成的團體應領導無產階級，如此，布爾塞維克黨（卽日後的共產黨）乃以無產階級的先鋒自居，自認有權利領導，「階級專政」的理論逐演變爲「政黨獨裁」的理論。在蘇聯十月革命成功後，這一理論逐付諸實施。「共黨獨裁」政府逐告成立，無產階級則事實上淪爲被「專政」的對象。

　　共產主義的意識型態理論層次頗高，本書將以專章討論，此處僅提示共黨政治體制中，若干特質及其理論基礎：（1）一黨專政：在大多數共黨國家，除共產黨（在波蘭稱爲勞動人民黨，在南斯拉夫稱爲共產主義者聯盟，但事實上皆爲共產黨）外，其他任何政黨皆禁止存在；在少數共黨國家，如東德，共黨以外的政黨雖可存在，但這些政黨不得宣揚反對共產主義的主張，而且其活動也受相當限制，故其實爲附庸黨而已。共產黨主張一黨專政的理論爲政黨代表階級利益，在

一個「進步」的社會主義社會，階級衝突已不存在，因此不需要互相爭執的政黨來代表它們；兩個友好的勞動階級——無產階級與農民——之聯盟，可由共產黨一黨來代表；或至多增加一個代表農民，但對共黨友好的小黨。(2) 政治組織依賴所謂「民主集中」原則：此處所謂「民主」是指在政策決定以前，組織成員有參與討論之權，一旦政策決定，則「集中」的原則就要發生作用，此即任何異議均不准存在，組織成員應絕對服從權力中心的指示全力執行之。(3) 共黨爲無產階級的先鋒，它不僅領導社會（負責決策與指揮），而且教育羣衆以提高其階級覺悟，在其與羣衆的關係上，標榜兩項作風：其一爲幹部盡量瞭解民衆，以便利領導功能之發揮，此即所謂「羣衆路線」；另一爲一切所謂「民間組織」皆由共黨監督組成，作爲與羣衆溝通的通道，或「傳遞帶」(transmission belts)，（史達林語）。

共黨國家的政治組織是按以黨領政的基本原則建立的。共產黨黨紀嚴明，其組織高度階層化，金字塔頂點爲中央政治局，十餘名委員中約有三四名同時充任共黨中央書記處書記之職，兩三名在政府（部長會議……等）中擔任最高級職位，此外若干名則擔任重要的地方黨部負責人或重要的團體如工會的主席或最高級軍職。中央政治局負責國家重要政策的決定，並監督政府執行政策。黨的行政工作之最高負責機關爲中央書記處。中央書記處權力極大，其原因有三：(1) 中央政治局雖負責決策，但政治局決策所依據的資料與建議，皆由書記處

提供，而且書記處書記中有三四名為政治局委員，發生甚大影響力。

(2)中央書記處在國家重要人事任用上，權力甚大，如以前蘇聯為例，中央書記處掌握所謂 nomenklatura，此辭乃是指書記處對全國重要人事——政府、生產機構、學術機構、工會……等——隨時準備一份適任名單，此名單並由書記處隨時調整，一旦某一職位出缺，由書記處推薦名單上的人員，由主管任用者選擇任用。書記處此一權力，使全國有志擔任要職者不敢拂逆其意旨；(3) 中央書記處在行政上指揮各級地方黨部，而地方黨部則監督同級的地方政府及該地方之各類機構，如此中央書記處遂成為國家的神經中樞。名義上，中央政治局為黨的決策單位，而實際上，中央書記處的權力有時可能超過中央政治局。在蘇聯，第一書記或總書記（史達林時代之稱號）往往為實際上的國家首領。❷

「政府」實為共產黨高級領導份子決定的政策的執行機關。在執行的過程中，政府的各部門並受共黨中央書記處的監督。❸ 由於共產國家黨政關係的安排，遵照相當健全的原則，而且經歷頗多的試鍊，

❷　蘇聯名義上的國家元首為最高蘇維埃主席，在史達林主政時，該職往往由聲望不甚顯著的人擔任，在布里茲涅夫出任第一書記時，該職由其自兼，目前第一書記往往兼任該職。

❸　中央書記處組織龐大，除數名書記擔任領導外，分為許多組，每一組都監督一相關的政府部會。此外，另有組去管對外國共黨的聯繫，及對國內的工會等組織的監督等。

故納粹雙線制產生的傾軋與紊亂，往往得以避免，雖然在政策執行的層次，黨政間的衝突，偶爾仍會發生。❹

　　前蘇聯為共產國家中，歷史最久，而且係全憑自身的努力在沒有模式可供參考的情形下，建立其體制的國家，其發展經驗特別值得重視。

　　列寧主政的時期，蘇聯的主要政策考慮似乎是對付國內外的敵人，以謀求政權的生存。為達此目的，蘇聯仿照沙皇秘密警察組織成立了切卡(Cheka)，並賦予該機構廣泛的權力以鎮壓所謂「反革命」活動。為行政的需要，成立中央人民委員會，由若干人民委員組成。至於黨的基本組織，中央政治局則為革命時期的組織的延續，表面上政治局委員由中央委員會票選，實際上則由領袖們自己推舉候選人，票選成為具文，一九二○年代，中央政治局為日常行政的需要設立中央書記處，指派史達林主持，列寧的原意是中央書記處純為一幕僚機構，處理政治局交辦之日常事務，本身並無實際決策大權，但其後因史達林利用足以安插人事，遂成為權力鬥爭的大本營，係史達林整肅異己成功後，中央書記處遂成為蘇聯的權力核心。在史達林時代，由於中央書記處決定中央委員候補人選，甚至中央政治局新任委員人選，其權力甚至凌駕政治局。

　　史達林為建立蘇聯極權政治體制的關鍵性人物。史達林在體制的

---

❹　參閱 M. Fainsod, *Smolensk Under Soviet Rule* (New York 1963).

建立方面，有兩件事值得注意：首先，他完成了史無前例的「個人獨裁」，在他為蘇聯的獨裁者的時期（一九二九年至一九五二年），個人權力之大，超過歷史上任何專制君主。列寧為蘇聯領袖之時，共產黨雖已成為蘇聯的主宰，但共產黨內高層領袖們常為政策問題爭辯不休，列寧之為羣龍之首，主要是由於其個人之聲望與能力，並不完全由於其地位，列寧雖不能容忍黨外之異己，對黨內之異己則相當寬容；史達林清除了黨內政敵齊諾維夫（Zinoviev）、卡門涅夫（Kamenev）、布哈林（Bukharin）、托洛茨基（Trotsky）後，對黨內異己份子進行了大整肅，其後黨內重要職位，皆由對他個人效忠的份子擔任，從此蘇聯由政黨獨裁步入個人獨裁。其次，他使蘇聯黨政機關發展高度官僚化（bureaucratization）的型態：共產黨黨部組織的高度官僚化，為史達林的傑出成就；史為組織長才，他與布爾塞維克其他早期革命家不同，不喜理論與宣傳，並缺乏這方面的才能，他把中央書記處組織成一個黨務行政的中心，並使黨務行政成為黨的控制社會的主要途徑。史達林提拔的重要黨工人員，大多屬工程師出身，精於實務管理的人才，不擅言辭。對理論興趣不高，對外國語文也缺乏高深造詣，這與列寧時代的老革命家正好全然不同，而這正反映了獨裁者個人甄拔人才的標準與蘇聯建國的需要的改變。

史達林嚴酷殘忍的統治，為蘇聯人民帶來甚大的痛苦。其數個五年計畫，使蘇聯社會付出了沉重的代價，但也使蘇聯從一個僅有薄弱

的工業基礎的落後農業國家以極快的速度成爲工業強國，並使蘇聯的勢力範圍大爲擴充。

前蘇聯自史達林於一九五三年逝世後，逐漸改變❺。尤其戈巴契夫(Gorbachev)於一九八五年出任蘇共總書記後，提出開放與重建口號，大幅改革，一九九一年保守派發動政變，企圖推翻戈氏未成，葉爾辛(Yeltsin)平亂有功，取代戈氏地位，蘇聯解體，俄羅斯、烏克蘭、白俄羅斯組成獨立國協，為一鬆散聯盟。

叄 極權獨裁政制理論

關於極權獨裁政治與政制，理論性的探討較受人注意的計有艾蘭(Hannah Arendt) 的《極權主義的起源》(*The Origins of Totalitarianism*) 與佛烈德里哈與布里辛斯基 (C. Friedrich and Z. Brzezinski) 的《極權獨裁》(*Totalitarian Dictatorship and Autocracy*)。❻ 在前一部著作中，作者追溯極權主義的根源爲中歐浪漫的民族主義（反自由主義、個人主義，強調個人無保留地沒入國族這個集體之

---

❺ 參閱 Juan J. Linz, "Totalitarian and Authoritarian Regimes," in Fred Greenstein and N. Polsby, *Macropolitical Theory*, (*Handbook of Political Science*, Vol. 3), pp. 336-350.

❻ Arendt. *op. cit.*, Friedrich and Brzezinski, *op. cit.*

中，並狂熱反對「非我族類」的一切）、反猶思想等。在後一部著作中，作者們爲極權獨裁政制勾劃出其數項特徵，建構一個所謂極權政制的「模式」，其勾劃出的特徵如下：

（一）**官定的意識型態**：所謂意識型態（ideology），乃是指一套統攝的思想系統，對歷史、社會、政治、經濟，甚至宇宙人生的重大問題都提供明確的答案。意識型態是十八世紀後才出現的，不少思想家受法國啓蒙時期理性主義的影響，都企圖建立「思想系統」，至二十世紀，若干政治運動都以其自己的意識型態作爲號召民衆，團結「同志」，與指導行動的方針，這些運動一旦掌握政權，就可能設法使其意識型態成爲舉國民衆信奉的最高原則、國政的方向指針。極權獨裁政治運動，對意識型態特別認眞，這是因爲這些運動原本具有某些「烏托邦」色彩，企圖徹底改造社會，這些運動一旦獲得政權，會不遺餘力地根據其意識型態治國，並「教育」人民接受其意識型態。譬如蘇聯對共產主義的重視，是頗少見的。一般非極權的政治運動與執政集團也有重視其意識型態的，但態度上較爲和緩，尤其對其他思想的排斥與鎮壓，沒有極權獨裁者之積極與強烈。

（二）**羣衆性的唯一政黨**：在極權獨裁政制下，僅有一黨有執政的機會，在大多數極權國家，其他任何政黨皆不得存在，在少數極權國家，雖有執政黨以外的小黨存在，但這些小黨都是「有名無實」的；極權國家的執政黨，爲獨裁者統治的主要工具，該政黨是從羣衆

中選拔黨員，因此它為羣衆性政黨，但黨員人數不超過人口的百分之十以下，甄選相當嚴格，原則上，只有對意識型態完全信仰，對黨徹底效忠者，才能獲選入黨，為保證黨的純正，黨員要經歷思想學習與改造，黨部並定期清黨。黨員的任務為協助獨裁者動員民衆、控制社會、傳播其意識型態與政策，並監督行政官僚。黨員的任務繁重，但極權獨裁國家中，一般期望在社會上出人頭地者皆想入黨，因唯有黨員才能擔任重要職位，極權黨的組織極為嚴密，黨內決策之權向上集中，基層黨員組成小組 (cell)，每一小組人數不超過三十人，以利學習並互相監督，小組以上的層級，皆有專業黨務人員負責黨的工作。

（三）**政治警察**：極權獨裁政制，依賴政治警察的程度頗大，納粹德國的蓋世太保 (Gestapo) 與蘇聯的 K. G. B. （以往的名字有 Cheka、M. V. D.、N. K. V. D. 等）都是組織龐大，權力可觀的機構，政治警察負責政治案件的偵防與處理。在極權獨裁的高潮期，如納粹德國在第二次大戰初期與蘇聯史達林執政期，政治警察又負責監禁與處決大批政治犯與其他的異己份子及成千上萬的無辜平民。政治警察造成的恐怖，是二十世紀人類最大的悲劇之一。

（四）**嚴格控制的大衆傳播媒介與文化活動**：在極權獨裁國家，大衆傳播媒介必然受嚴格的控制，一切報紙、雜誌、電視、廣播都由極權黨與政府擁有，絕無民營的，主持這些媒介者皆為忠貞黨員，從業人員都經慎重甄選以確保其政治的可靠，政治警察並派員專門監督

大衆傳播媒介。大衆傳播媒介的重要任務，除宣揚意識型態，闡釋主
要政策外，還有發佈政治路線，誇耀獨裁政府的成就（有時爲眞實的
成就，但有時爲杜撰的），誣蔑「敵人」及其他型式政府的「缺點」。
此外，大衆傳播媒介還被用來塑造獨裁者的個人在羣衆中的「超凡」
形象，以利「個人崇拜」。極權獨裁者，頗多酷嗜「個人崇拜」者。
其部屬爲討其歡心，也常提倡「個人崇拜」之風。大衆傳播媒介則被
利用來推動這種風尚。與「個人崇拜」相對的，則爲對遭罷黜的政治
領袖的污蔑與貶抑，這在權力鬥爭後，往往也成爲大衆傳播媒介的一
項任務。

　　極權獨裁國家對文化活動控制也甚嚴格。這項控制是雙方面的：
一方面對與其政治目標要求不相符合的文化活動與產物的禁止：極權
獨裁者一旦獲得政權，必然會禁止異己者之著作，並不讓其從事文化
活動或強迫其承認其著作爲「錯誤」等；另方面迫使全國文化活動按
獨裁者決定之死板模型發展，不論在內容或形式上，均使其爲政治目
標「服務」。

　　（五）官僚經濟：極權獨裁國家，經濟活動也受政府嚴格監督或
控制。在共產國家，私人企業是不准存在的，一切企業都在「國營
化」的名目下，受官僚控制與管理；農業則以集體農場經營，農民除
少量「自耕地」外，沒有所有權，而「自耕地」的面積與存在，都可
由共黨政策隨時改變；在納粹德國，私人企業雖然存在，但被政府嚴

格監督，以便使其成爲戰備的一部份。

肆　極權獨裁制成功的條件與蛻變

迄今爲止，典型的極權獨裁僅有納粹德國與史達林時代之蘇俄，其他的所謂極權獨裁制有的並未眞正成功，如墨索里尼的義大利或佛朗哥的西班牙，故爲「有名無實」的極權獨裁；有的雖然努力仿造史達林模式，但並未完全達到目的，如東歐的一些國家。更有少數統治者如烏干達的安明 (Ida Amin) 期望把一切權力集中於他手中，其結果是自己變成一個「暴君」，但其統治的社會仍是散漫與缺乏紀律的，並且並無明確的政治目標，這些政體，只能稱爲「暴政」，根本無資格稱作「極權獨裁」。

極權獨裁制在一個國家成功地實行，有其條件，它與民主政制一般，不是任何國家的政治領袖想實行就能如願的。

第一項條件是獨裁者必須擁有一個有效的工具──一個黨紀良好，對「意識型態」具高度信仰的政黨──。這個政黨在社會上維持某種程度的號召力（至少有一部份人對它具有好感，認爲其政治目標符合他們心目中的社會利益），因而可吸收一些眞正有能力的人才。

第二項條件是獨裁者本身具有頗高的聲望，對政治權力的運用有相當高超的手腕，並能有效地追求政治目標（或至少給人此一印象）。

第三項條件是一個頗有效率的官僚組織，在獨裁者的控制之下，

可用來節制人民的行爲，並滿足民衆的某些要求，這一官僚組織的人事應能於必要時快速流動，否則獨裁者的意旨會受官僚隨性的阻撓。

第四項條件是一個發展中期的社會，有人認爲一個發展中期的社會，比較適合實行極權獨裁政治。一個經濟發展至相當高度的社會，多元化的型態會阻撓獨裁者的意旨之推行；而且，大批具有科技理性觀念的人會懷疑「意識型態」的「永恒」價值；專業人才由於其訓練與行業，會萌發「個人自尊」的觀念，不願輕易接受從上而下的「紀律」。而在一個發展程度甚低的社會，也頗難成功地實行極權獨裁。因爲這類社會傳統文化的力量太大，傳統文化蘊含的價值常與極權獨裁主義的價值對抗。❼

由於極權獨裁政制成功地實行，需依賴以上的條件：當一個極權國家由以上的條件隨政治、經濟與社會的改變或發展而更動時，其政制自然也會改變，因此，若說極權獨裁制會蛻變，在理論上，似乎可以成立。然而，這種改變的速度也許頗爲緩慢，而改變至相當巨大的程度時，才能說某一政制已不再是極權的獨裁制。此外，這些條件的改變，也許並不以相等的速度發生，一個獨裁政黨因人員的新陳代謝，權力的腐蝕作用，可能改變較快，但一個社會的社經結構的改變就慢得多。這許多條件統統要改變至某一程度，制度的改變才可能有

---

❼　例如家族觀念即爲此種價值之一，中國大陸農村地區共黨遭到的困難之一就是根深蒂固的家族本位思想。

較大的重要性，否則，倘若僅有一兩項條件改變較大，制度的改變恐怕仍不可能眞正獲致重大成果，此外，獨裁政權必然有若干抗變或抵銷改變所產生的影響之措施，從長遠來看，也許這些措施未必有效，但其短期性（有時所謂短期可能指相當久的時間）效果，仍不容忽視。基於以上的分析，我們認爲極權政制一旦建立，要改變成非極權的政制，恐怕要費相當長久的時間。

蘇聯極權政制的解體，提供我們研究該項課題寶貴的素材。

第七章　威權獨裁

　　全世界一百九十餘國中，半數為「威權獨裁」國家，這些國家的
政治目標與體制形形色色：有些以社經發展為目標取向，其政治體制
是以便利權力集中來動員社會資源為主要考慮，也有些以維持現狀抗
拒變遷為目標取向，其政治體制基本上沿襲傳統的建制，但利用現代
化的外飾與技術來強化其控制能力；有些是走向民主的過渡驛站，其
領導者基本上接受民主理念，但由於感到現階段社會尚缺少實行民主
政治的條件，故不得不維持威權獨裁的統治方式，在這類國家，政治
家自認為民主的導師，其一項重要任務為培養人民的民主理念與自治
技能❶；在另一些國家領導者是痛惡民主的保守份子與既得利益份子，
他們利用政治權力來鎮壓企圖改變現狀的任何勢力。

---

❶　例如 Edward Shils 稱這類政制為 tutelary democracy. 見其 *Political Development in the New States* (The Hague, 1962).

壹 威權獨裁政制的種類

德國學者韋伯（Max Weber）曾經把政治權威按其來源與性質分成三類：（一）理性——法律類（rational-legal type）：其權力來自體現「理性」的法律，譬如憲法，如民主國家政治領袖的權力；（二）傳統類（traditional type）：其權力來自傳統，如世襲君主的權力；及（三）噶里斯瑪類（charismatic type）：所謂「噶里斯瑪」（charisma）乃是指某種特殊的人格特質與稟賦，而使某些民眾心甘情願的接受其領導，此類權威可見於穆罕默德或耶穌對其信衆的權威，或宋江對梁山泊其他好漢的權威，威權獨裁政制的權威，大多屬於後二者。不過，也有些逐漸向第一類發展。

吾人茲對各類威權獨裁政制加以說明：

（一）**政黨的威權獨裁制**：政黨的威權獨裁制大多建立在新興的開發中國家，幾乎完全是由領導獨立運動的民族主義知識份子建立的，譬如肯亞、突尼西亞與坦桑尼亞等。這類國家中，有些曾被同情者視爲「一黨民主」的國家❷。然而，嚴格說來，它們都是獨裁國家，不過，這類國家都以政經發展爲國家目標（至少理論上如此），而其領導份子中，有些具有相當進步的思想與觀念。這類國家對政治異議份子的態度與言論自由的容忍，一般來說，比其他類的獨裁國家

---

❷ 參閱 G. Carter, (ed.) *African One-Party States* (Ithaca, 1962).

要開明，但其開明的程度，往往要看獨裁者個人的氣度與胸襟來決定，這類國家最大的政治困難似乎有二：（一）獨裁者的繼承問題：由於這類政權的領導者之權威都是「噶里斯瑪」類型者，一旦領導者亡故，繼承問題往往趨於嚴重，如肯亞的肯雅塔（Jomo Kenyatta）亡故時，曾有相當時間的政治不安，突尼西亞布吉巴（Habib Bourguiba）與坦桑尼亞尼雷爾（Julius Nyerere）等人一旦亡故，恐怕也將發生嚴重的繼承問題；（二）獨裁政黨的凋謝或解體：新興國家一黨獨裁制的一項最大困難是獨立後，獨裁政黨的組織日趨鬆懈，紀律日益渙散，黨內派系之爭愈演愈烈，及黨中人才漸漸離開黨務工作，出任政治與行政職務❸。獨裁政黨的凋謝或解體，往往會給這類政權帶來重大的困難。

　　㈡軍人的威權獨裁制：大多數獨裁國家都是此類，拉丁美洲國家中，軍人獨裁相當普遍；亞洲的緬甸、巴基斯坦、非洲的埃及、阿爾及利亞、利比亞、薩伊、迦那……等也都由軍人掌握政權；在不少新興國家，軍人政變的威脅隨時存在，建立軍人獨裁的機率都相當高。軍人獨裁政制的型態有兩類：一類是一位軍人獨裁者獨攬大權的情形，

---

❸　參閱 Immanuel Wallerstein, "The Decline of the Party in Single-Party African States," in Joseph LaPalombara and Myron Weiner, eds. *Political Parties and Political Development*. (Princeton, N. J., 1966), pp. 201–216.

如伊拉克；另一類是數位軍人組成執政團(junta)，由該執政團決定政策，執政團也許有名義上的領袖（往往由資深者出任），這人的職位可能是國家總統，但實際的權力則由執政團成員分享，拉丁美洲巴拉圭、玻利維亞的情形就是如此的。軍人獨裁往往是軍人政變的結果；新興國家獨立後，都仿照歐美民主國家設置政府機構，但由於種種限制條件，這些機構的實際運作往往迥異於歐美民主國家，以致政府效能低落，社經困難無法解決，軍人遂乘機攫取政權，軍人獨裁政權成立後，有時又被另一組軍人的政變所推翻，在不少拉丁美洲國家，自十九世紀獨立後，已有多次軍人政變的經驗，成立了各種軍人獨裁政權。軍人獨裁政制在基本政策取向是不同的：有些為保守的軍事將領所建立，強調民族主義，但抗拒現代化的影響，企圖維持現狀與社會特權，其接受的新事物僅限於科技層面；另一些則為具改革傾向的軍人所建立，主張經濟與社會的改革。但是，軍人獨裁者在處理國政的方式上，則大致雷同，他們厭惡「政治程序」，尤其是政黨的競爭，認為這是缺乏效率，並且過份追求私利的，因此禁止政黨活動幾乎是任何軍人政權首項工作；他們強調行政效率，認為只要行政機關廉潔而有效率，一切問題都可迎刃而解，他們對「科技官僚」(technocrats)具有某種程度的信任，對別類政治與行政人員則較不信任，因此，軍人獨裁政府內，重要職位除軍人外，往往由科技官僚出任。

軍人獨裁制在開發中國家普遍存在，文人政府的軟弱無能，其社

會支持勢力的散漫與微弱，固然爲主因，軍人的組織紀律與武力能迅速解決某些迫切的危機也是原因之一。然而，軍人獨裁制也有些基本的弱點：第一、軍人獨裁者往往企圖用簡單的方法解決複雜的問題，結果問題反被掩飾了，變得更加嚴重，更不易解決；第二、軍人獨裁者必定依賴一個軍人集團掌握政權，此集團的支持對其保持權力甚爲重要，因此，他對該集團主要成員的貪污舞弊、濫權枉法皆必須加以容忍，這是爲何軍人政權往往以「消滅貪污建立廉潔政府」爲號召，而實際上掌權一段時間後，往往不能免於大規模的舞弊。集團成員間內鬥，因無公開承認的規範，往往在暗中進行，直至爆發爲新的流血鬥爭，此亦爲軍人獨裁制的一大缺點。

（三）**宗教領袖的威權獨裁政制**：在人類歷史上，宗教與政治曾一度發生密切的關係，這對宗教與政治都曾帶來不幸的後果，因而「政教分離」的主張才被提出，並成爲不少國家憲法肯定的一項原則，但是，這原則並不被普遍接受，在不同社會，仍有些人主張各種方式的政教合一：有的人主張政治權力應控制宗教，把教會變成政府的工具；也有些主張宗教力量應左右政府，使政府在決策上服膺教會的意見。在實踐上，「政教合一」的一個最徹底的例子爲伊朗什葉派回教領袖何梅尼（R. Khomeini）的獨裁。伊朗於一九七九年推翻了君主專政後，回教革命領袖何梅尼自國外返國，就成爲國家實質上的最高領袖。何梅尼的政治權威完全來自篤信回教與民族主義的羣衆對他的

支持與其革命衛隊的恐怖鎮壓反對力量。伊朗的政治體制頗爲獨特：外表的體制，有總統、國會與最高法院，但總統聽命於何梅尼，國會中則有大批回教教士，控制主要的職位，世俗人士則扮演次要角色，法院的法官中也有些是宗教法庭的法官，在審理涉及政治與社會關係之案件時，則運用回教教義的觀點。何梅尼的體制，曾有人認爲基本上是不穩定的，甚至估計其短時內將崩潰，因爲它基本上是一個「人治」的制度，而且其追求的政治目標是保持回教原始教義所認可的傳統社會及其價值，抗拒西化，然而，這類預測可能低估了這類體制對於痛恨西方影響的民族主義份子的吸引力與激發其奮鬥精神的力量，這種力量之大在伊朗與伊拉克的戰鬥中，伊朗平民自衛軍的表現可得明證。

（四）官僚的威權獨裁政制：另一類比較不常見的威權獨裁制是官僚爲主的。在各種類型的獨裁制中，官僚往往扮演輔助的角色，但官僚甚少扮演主角。最著名的官僚獨裁的實例爲葡萄牙的薩拉沙（Antonio De Oliveina Salazar）於一九三二年至一九六八年的獨裁。薩拉沙於一九二八年出任葡國財政部長，改革財政，表現了卓越的能力，獲得廣大的信任，一九三二年出任首相後，就運用行政官僚的權力及政黨的矛盾，使自己成爲獨裁者。薩拉沙的統治，是側重行政的，基本政策方向是守舊，維護社會既得利益與傳統的天主教價值，但在行政上則力求改革，提供人民良好的服務。此種行政獨裁最

大的弱點爲政府處理重大問題缺乏政治眼光，僅作行政的考慮，而社會輿論不自由，無法提供補充或匡正的建議。葡萄牙於一九六〇年代的非洲殖民地政策的破產，足以說明此一弱點。

菲律賓馬可仕（F. Marcos）的獨裁制，基本上也爲行政獨裁，馬可仕政權的主要弱點是非國缺乏有效率而廉正的行政官僚組織，故其處理政策問題的能力恐不及薩拉沙。

（五）君主的威權獨裁政制：現在，以君主爲國家元首的國家，仍然相當多❹，其中大多數所謂「君主國」所實行的政制乃是民主的，譬如英國，在這些國家，君主僅爲虛位元首，其眞正的政治權力甚爲有限。少數君主國家，君主的權力極大，這類國家，可稱爲君主專制國家，也即我們所說的君主的威權獨裁政制國家。較著名的君主專制國有沙烏地阿拉伯、約旦、摩洛哥、尼泊爾等。君主專制國家的政府權威是傳統的，因此，與當前世界理性化、科學化、世俗化的潮流是違背的，因此，君主專制國家有逐漸減少之勢，碩果僅存的都有其特殊的背景❺。就政治發展的觀點來看，這類政權是保守的；其基

---

❹　西歐的英、荷、比、盧森堡、北歐的瑞典、挪威、丹麥、南歐的西班牙（佛朗哥離職後）及日本皆屬君主立憲的民主國家，泰國爲君主擔任國家元首的軍人、官僚主政的獨裁國家，尼泊爾也爲君主國，約旦、沙烏地阿拉伯、科威特則君主權力甚大。

❺　如沙烏地阿拉伯具有石油財富，人口稀少，與外界比較隔絕，而且人民有強烈的回教信仰；約旦的統治者個人才能甚高，並且因其國戰略地位，其統治權爲西方及阿拉伯國家中溫和派全力支持。

本政策取向為維持社會的現狀，尤其是傳統的層級結構、利益分配型式與價值觀念；但在基本政策的執行上，則並非全無彈性，譬如沙烏地阿拉伯在費沙擔任國王時，就採取與前任紹德不同的社經政策。一方面利用大量油元實行若干農工業開發計畫，並給予平民較多的福利，教育機會也比以往平均分配；但是，這些社經政策的終極目標並不是社會的改革，而使減低民眾的不滿，以增加其對政府與君主的向心力。因此，每項造福民眾的措施都有相當限度，並在周詳考慮其副作用的條件下進行，而且這些計畫都在限制民眾政治參與的情況下進行，為此甚至大量運用外籍人員。儘管如此，有人認為長遠來看，這些措施恐仍不免產生某些不利於政權的後果；不過，也有人認為這些後果並非不能控制，開明君主專制在若干文化區域不是絕無生存機率的政治制度。

第八章 政府的類型與組織

　　在老式的課程中，政治學常被稱作政府學，由此可見，「政府」在政治學中所佔據的地位何等重要，一般人一想到政治，就立刻想到政府，他們儘管對政治學探討的其他主題不甚瞭然，但對政府都有某種程度的認識。在本章中，我們擬對世上主要的政府類型作一鳥瞰，對行政部門作較詳細的討論，在以後的兩章中，將討論立法與司法部門。

壹　「政府」的涵義

　　「政府」一辭，英國人與美國人心目中的涵義並不一樣。英國人指的政府，通常是指行政部門，他們把立法部門都稱作「巴力門」，把它與「政府」分開。美國人所謂「政府」，是指行政、立法、司法三者的綜合體，這與我們中國人的觀念是相同的。不過，中國人有時把行政部門與行政機關當作「名正言順」的政府。雖然根據孫中山先生的說法，立法院為「治權機關」，如此，立法委員應該與行政院的

各部會首長一樣，是「政府官員」，但一般人民慣認其為「民意代表」。

政府往往自認或被認為是維護「公共利益」的。其實，其是否必然如此，仍值得商榷。所謂「公共利益」並不能在任何情形下均可很清晰地界定，社會全體成員也不可能對某一個別事物是否符合「公共利益」有一致的看法，因此，政府所維護的「公共利益」，很可能是政府人員心目中的「公共利益」，此一認定為社會接受之程度，需視政府權力的合法性基礎與人民對政府人員的見識與能力的信心來決定。而且，就客觀事實而言，任何政府都不可能在任何情況下不去維護某些非公共的利益。此外，政府既然為一羣人組成，人不免有其私心。

政府擁有權力，權力被用來履行其主要功能，此即為社會作「價值分配」，及附帶的功能（或為履行上述目標或功能的工具性功能）諸如管制與服務。權力是不可缺少的，倘若政府權力不足，就無法適當地履行功能，然而，權力引起的問題也不容忽視，濫用權力與誤用權力的現象，在任何政府體制下，都可能發生。

政府的權力必然具有鎮壓性的成份，儘管不同的政府在使用權力時，依賴的鎮壓性成份並不相等，但這成份是一定存在的。

貳　立憲政府與權力的限制

　　立憲政府與非立憲政府的主要區別是前者的權力是依憲法限制，而且其行使須按憲法規定的原則，而後者的權力不受限制或僅爲一些較不確定的因素諸如政治道德、領袖的個人性格、傳統等所限，其行使也不按憲法規定之原則。

　　憲法限制政府權力，在於兩方面：一方面是人權條款所加的限制。按照人權條款，在某些領域，政府不得行爲，譬如個人自由的保障，在另一些領域，政府不得不採取行動，這對政府重要人員的意志加上約束，如我國憲法規定教育經費不得少於國家總預算的某一比例，此使政府不得不重視公共教育，另方面，是有關政府各部門的職權與關係之規定限制了它權力擴張的可能性。舉例來說，美國聯邦憲法中關於政府行政、立法、司法部門的職權與關係之規定，有人認爲係反映孟德斯鳩的權力分立 (separation of powers) 與制衡(checks balance) 兩項原則的。孟德斯鳩認爲把這兩項原則蘊含於政府建制之中，就能避免政府濫權或誤用權力及防止它侵犯人民的自由。不論孟氏的想法是否合理，美國聯邦憲法的規定對政府的各部門之權力確實作了限制。英國不成文憲法體現的原則是巴力門至上 (Supremacy of the Parliament)。由巴力門來監督政府（英國人的「政府」採狹義的界說），理論上政府可免於濫用或誤用權力。而巴力門議員旣然

必須定期改選，他們自然不敢違背選民的意旨。

叁 立憲政府的類型

立憲政府可按行政與立法的關係區分爲總統制、內閣制與委員制。

（一）**總統制**：總統制的典型存在於美國。在總統制的政府中，行政部門的首長爲總統（他同時也爲國家元首）。行政部門的主要政務官員均由總統任命，除了必須參議院的同意外，總統可從任何黨派、任何行業中選擇其中意的人選。唯一的限制是他如果任命一位國會議員擔任行政職位。這位議員必須在就任行政職位前，辭去議員之職，重要政務官員（計二千餘人）的職責爲執行總統的政策。故在原則上，其任期按總統的意旨決定，一旦失去他的信任，總統有權將其立刻去職。行政部門與立法部門的關係按嚴格的分權原則釐定：（1）行政官員不得兼任國會議員，國會議員也不得兼任行政官員；（2）總統對其行政部門的僚屬之控制權，不受國會議員的干擾，根據此點，總統往往下令其僚屬拒絕國會要求提供機密文件，除非總統核准；或答覆某些敏感問題，除非總統同意；（3）總統與國會議員皆有其固定的任期，及個別的選區，以維持其分權。總統制政府釐定行政立法關係的另一原則爲制衡，此卽行政、立法、司法三部門的權力在行使上互相抵制，以免任一部門權力超過其他部門，以維持整個政府體制

中權力之平衡，就行政與立法兩部門而言，制衡原則呈現於總統對國會通過的法案之否決權，（國會兩院以 $\frac{2}{3}$ 多數票決又可否決總統對法案之否決）——此爲總統對國會之制衡——，及總統之重要任命與條約必須獲得參議院之同意——此爲國會對總統的制衡。

總統制政府嚴格分權與制衡原則，反映歐洲十八世紀某些思想家的兩種觀念：其一爲對政府高度的不信任，認爲政府權力過大，人民自由必遭危害；另一爲機械論的想法，認爲政府的組織猶如一具機械，其權力似有一定數，如集中於一個部門，這該部門之權力就甚大，如加以分散，則各部門之權力都不致太大，倘分散得宜，則可以使各部門分得的權力相等；而且，人們經過某些設計與安排，就可獲致權力的平衡。此種機械論的想法，確實有些天眞與單純。事實上，制度的分權與制衡，如果行使得過份，就可能造成政府效率的低落，甚至行動癱瘓，因此，在制度上體現三權分立爲制衡原則的國家都發展出種種克服其不良作用的非正規作風或措施，如美國總統利用政黨領袖的地位影響國會，或運用政治優惠（political patronage）的分配來爭取議員的支持等。老實說，今日民主國家，人民自由的得以保障、權力濫用的得以避免或矯正，主要並不在於政府制度的制衡，而在於社會力量的多元發展及此種發展所造成的社會對政府的制衡。

（二）**內閣制政府：**內閣制政府有一黨組成內閣者，如英國；也有數黨組成聯合內閣者，如歐陸的若干國家（法、義、比、荷、北歐

諸國）。英國的內閣制政府，自一七二一年華爾波（Sir Robert Walpole）出任首任首相以來，已歷兩百六十多年歷史，此一制度並爲英國協的其他國家採用。內閣制國家的元首爲虛位元首（如英國君主、印度總統等），政治實權甚少，眞正的政治領袖爲內閣首相（總理），首相（總理）與內閣閣員（主要的大臣（部長），少數國務委員等）組成內閣，爲行政部門的決策中心。內閣制政府中，行政部門與立法部門的關係不根據分權原則，而強調兩者密切的結合。在英國，「巴力門至上」（Supremacy of the Parliament）是教科書上指出的，其含義是巴力門（國會）代表民意，巴力門至上卽政府永遠聽從民意，並根據民意組成，受代表民意的巴力門控制。然而，實際上，由於內閣是由巴力門中多數黨議員的領導份子組成（主要是下議院議員，但也有少數上議院議員），而英國政黨良好的黨紀使一般議員樂於在重要政策上支持其領導份子的決定，內閣遂對巴力門有甚大的影響力。有些英國人認爲這種情形並不違悖「巴力門至上」，因爲「內閣」實際上是巴力門的一部份，並未與其分開。然而，也有些英國人士，對其國家內閣權力日趨膨脹，而一般議員的政策影響力日益縮小的現象，深表不滿，認爲有加以改正的必要❶。不過，近年來，英國政黨黨紀已不如往昔，內閣對其同黨議員的「約束」更強調妥協與說

---

❶ 參閱 Nevil Johnson, *In Search of English Constitution* (Oxford, 1976).

服，不期然間某種「改正」已在產生。

　　歐洲大陸的一些國家如義大利，是由多黨組成聯合內閣的。在這些國家，任何政黨都不可能在國會中獲得過半數議席，因此只得由數黨組成聯合內閣。聯合內閣與英國式內閣制政府產生的政治後果頗不相同：首先，聯合內閣的任期一般都較短，因為內閣由數黨組成，只要這些黨派對某些重要政務存有嚴重歧見，它們就可能退出，則內閣就不能繼續存在：英國的內閣法定任期為五年（因國會下院議員任期五年），在這期內，內閣首相如感到國家情勢與民意有利於政府黨，而欲增強下院中政府的地位，也可宣佈改選；如下院因某一爭執性法案對內閣作不信任投票，則內閣得在辭職或解散下院宣佈改選二途中擇一。由於英國良好的黨紀，內閣任期往往頗長；其次，聯合內閣的閣員雖是入閣各黨的領導份子，但他們彼此間的爭執，使其無法增強其對一般議員的影響力，再加上歐洲大陸政黨黨紀參差不齊，如此，在這些國家，國會的影響力甚大，內閣往往受其牽制。第三、聯合內閣為避免分裂，有時有延宕爭執性較大的政策決定之傾向，這可能使這些國家政治領導比較缺乏政策主動。

　　（三）**委員制**：委員制政府僅能在小國寡民、政務簡單的社會才能存在，目前只有瑞士是如此的。政府的決策單位為若干名政務委員（瑞士為七名），每人分擔一部，委員會主席由各委員輪流擔任，此人名義上為政府領袖，實際權力並不大於其他委員，不過為政務委員

會開會時主持議程而已，而且由於其任期僅一年，更說不上特別的政治地位。瑞士為一高度民主，而權力分散於地方與基層的國家，中央政府功能本就有限，其實行委員制並無礙於國政的推展，在政務比較複雜的國家，採行委員制會損及政府的效率。瑞士聯邦政府的權力主要由國會行使，行政委員會完全聽命於國會。

肆　現代國家的演變與行政權的擴充

國家的政治制度是決定行政與立法關係，一項主要因素：由於各國的制度不同，這種關係自然不同；另一項決定行政立法關係的因素，乃是目前各國都面臨行政權擴充、立法權萎縮的情況：十九世紀末葉以來，政府功能已大為改變與擴張，這是現代福利國家與「要塞國家」興起所造成的現象。

關於現代福利國家興起的思想背景及經過，我們將在其他的章節中敍說；在此我們僅擬指出，福利國家興起後，政府的職責增加。而且，這些新增加的職責大體上皆屬於服務性質，諸如國民的醫療保健、失業救助、國民住宅……等，這些都是行政機關的工作，履行這類職責，固然為行政部門份內之事，就是有關這類事務的政策決定，如經費的分配等，行政機關的角色也遠超過立法機關，此因這類工作具有高度的專業性與技術性，而立法議員大多為通才，缺乏消化大量專門資料的能力，因而對政策決定，就只能扮演「反應」的角色（即

對提案表示贊成與否)，並無法主動提案了。(除非爲少數私人利益的提案)。 如此， 現代福利國家的興起就促成了行政權的膨脹，相形之下，立法權則顯示萎縮了。

所謂「要塞國家」("garrison state")是拉斯威爾所創的概念，他認爲二十世紀中葉以後國際局勢持續緊張，國家安全成爲許多國家的政府必須隨時留意的課題，而現代國防依賴機密與專業的科技知識與能力，因而國防政策遂幾乎成爲行政部門獨佔的領域，立法部門在該一領域中能扮演的角色甚爲有限。經常留意防務如「要塞國家」之興起，此「福利國家」的興起，更助長行政權的擴張，相形之下立法權就顯得格外削弱。

這種行政權與立法權不平衡的狀態，在許多國家，已引起有識之士的憂慮， 在若干先進國家， 國會中已有人在努力設法扭轉這種情勢。現代行政機關權力擴大可見於 (1) 行政司法之發達：行政機關兼掌部份審判業務，謂之。若干有關行政法規適用的專門技術性案件，由行政機關審理；(2) 委任立法之發達：立法機關委任行政機關，在授權範圍內，制度規章，效力與法律相同；(3) 緊急命令之增加：於非常情勢下，由元首公佈，其效力與法律相同；(4) 行政裁量權之擴大：以適合二十世紀之需要。

伍 行政的組織與任務

行政組織的基本型式是層級或金字塔型的。行政機關有其主管的職責。依法它可負責提供某種服務、管制某類活動、或照顧某種受益人（clientele）。也有些行政機關的重要職責是協助其他的行政機關，更有些行政機關除主要職責外，還可能有若干次要之職責。譬如警察局的主要職責是管制交通，偵緝罪犯，但也提供消防服務。在其職權範圍內，責任主要是根據層級原則分配，而任務則依互相配合的分工原則劃分的。原則上，全機關有一人負總責。他把責任分配給若干部屬，每人分擔部份工作。這些部屬又按目標的原則與分工的需要，把工作分配給他們的部屬，舉例來說，教育部有高等教育司、中等教育司……等，而每一個司又分為若干科，每個科又轄有若干股，每一分劃部份的首長對其頂頭上司（也僅對其頂頭上司）負責，此原則稱為指揮權統一（或統一命令）（unity of command）。自機關主管，逐次下降，至其最低級僚屬的指揮系統，稱為指揮聯鎖（chain of command）。理論上，每一位首長，指揮其直屬官員（如部長指揮監督其屬下的各司、處長），這些直屬官員構成他的有效控制範圍，即控制幅度（span of control）。

機關職權的劃分一般都依據功能、地理區域與受益者的性質來分劃；譬如教育部劃分為高教司、中教司、國民教育司等乃是根據功能；

外交部劃分爲北美司、中東司、歐洲司……等是根據地理區域；如美國衞生福利部屬下有兒童局，是按其活動的受益者性質而分劃的。

在較大的行政機關中，必然有若干單位其工作並不直接涉及該機關的主要任務。它們的功能是爲該機關提供輔助的服務或協助其主管執行任務，這些單位顯明的例子爲人事室、會計室、醫務室、總務處等。

層級型式雖爲行政組織的基本原則，但並非一切機關均按此原則建立的。事實上，就是表面上按此原則組織的行政機關，在今日也不能完全按這原則行事。傳統上，層級組織的用意爲使人員不能規避責任，一切決定均要透過嚴密的逐級報告與監督的系統來處理，自然不能推卸自己的工作。但這也有若干缺點：其一是「公文旅行」，影響行政效率；其二是可能使行政程序過份僵化，阻止較低階的人員發揮自己獨創力或自動性解決問題，並間接導致某種程度的不滿與失望；其三是在緊急狀態時，有時此系統可能缺乏彈性，無法迅速處理面臨的問題。在今天，由於行政業務大爲擴充，各類專家進入行政機關，往日的傳統行政觀念已不盡適用，過度的層級意識及「指揮」觀念已不再妥當。行政程序已不再全是「上級下令，下級服從」的舊規，而已具有一些協商、討論，甚至「談判」的色彩。

從結構方面來看現代的行政組織，可分成若干類：（一）一般性的行政機關，其組織仍按傳統的層級或金字塔原則建立；（二）委員

會（board or commission）一組人員共同負責某一任務，其決策與行動是集體的。在歐美國家，此類組織的主要任務爲管理工作，諸如核發醫師執照，公司行號開業准許等，及制訂涉及勞資關係的行政法規等，設置這類機構的目的在給予有關的利益團體發言權。故這些委員會的委員不僅有政府人士，也有行業的代表。（三）「獨立」管理委員會（"Independent" Regulatory Commission），在美國，有所謂「獨立」管理委員會，如聯邦政府的州際商業委員會（Interstate Commerce Commission）。它們被稱爲「獨立」是指不屬於任何部，而且，總統對它們的管轄權也相當有限。僅能在委員有缺額時，任命新委員，當作新任命時，總統必須避免使某一政黨在委員會中優勢過大，總統而且不得因政治理由罷黜任何委員；（四）公營企業：在許多國家（卽使是採行「市場經濟」的），都有公營企業，公營企業的管理，與一般行政不同，在西方國家，它擁有自己的人事規則，預決算系統；也可自由動用部份收入，不必全數繳交國庫；在訂立契約方面，它不受一般行政機關所受的拘束。這種種獨立性在給予公營企業較多彈性，以利商業競爭，另方面，它們也得不到種種特殊優待，如營業稅等並不比私人企業輕。在若干國家，如法國，更有公私合營的「混合公司」（"mixed corporation"）。公營企業的設置，主要目的並非賺錢，而是爲社會提供私人企業不願或不能有效提供的服務，或爲達成國防等政策性目標，因此，在其董事會的組織中，常常包括民

間或政府相關部門的人士。

行政組織旨在履行種種任務，我們茲把主要的行政任務，作一分析。從事政府任務者，通常分為政務官員與事務官員，傳統的說法認為政務官員與事務官員的工作是截然不同的：即政務官員是決定政策，而事務官員是執行政策的，這種說法，雖然不算完全錯誤，但也不完全正確。的確，制訂政策是政務官員主要的任務，但他必須監督政策的執行，這使他不得不涉入政策的執行中；事務官員的主要任務，雖是執行政策，但由於今天行政事務的複雜與專門技術性，政策制訂已不能僅靠政務官員。高級事務官員勢必提供政策建議，而涉及政策的制訂。為期更清楚地說明行政任務，我們茲分項敍述如后：

（一）政務官員的任務：

（1）制訂或決定政策：在民主國家，政務官員必須負責實施其所屬政黨之政綱（如英國）或競選諾言（如美國）。由於理論上選民付託彼等執政，是要其把這些允諾付諸實現。為此，他們必須制訂政策，並說服國會與社會各界支持其政策。政策的制訂，當然不是政務官員獨自的工作，他必須依賴高級文官提供的資料與建議與其形成的方案，但採擇那些資料、建議或方案是他的決定，因此萬一政策不妥或錯誤，他必須負責；

（2）監督政策的執行：政務官員負責政策的制訂，政策制訂後，事務官員就必須解釋該政策，並釐定行動的各種步驟，而後執行政

策 。 在這整個過程中， 政務首長必須予以監督， 以確保政策未被曲解，執行未有違誤，並具有足夠的效率與效果。政策執行時，如有違法失職情事，政務首長應予糾正，並在必要時懲處違法失職人員；

(3) 公共關係：政務官員另一重要任務是維持政府與外界的良好關係。在許多國家，政務首長常負責內閣中之一部；該部與國會，社會各界的關係極為重要， 這不僅影響其預算， 而且涉及政策之有效執行， 部長及其政務助理必須努力於維持良好的公共關係， 如英國部長的首席助理之主要工作就是維持該部與議會的聯繫，故其職銜為 Parliamentary Secretary，相等於我國的政務次長。

(二) **事務官員的任務**：事務官員的任務，主要可分為兩大類，視其職位之不同，而任務的重心亦不同：

(1) 協助政務官員制訂政策：此為高級事務官員的任務，高級事務官員中，頗多行政實務經驗甚為豐富，或對其專業深具瞭解的人，他們提供政務官員資料、意見與專門知識的判斷，以利其決策；

(2) 執行政策：執行政策乃是狹義的行政 (administration)，傳統上這是事務官員惟一的任務，現在的觀念雖已迥異往昔，但這無疑仍是事務官員的主要任務。事務官員在行政過程中擔任的角色，隨其職務而不盡相同。大體說來，高級事務官員的工作為解釋政策，制訂實施計畫 (programs) 及監督下屬執行各種計畫； 中級人員的工作則可協調執行單位的活動，並負責執行單位與上級的聯繫，且監督計

畫執行之細節；低級人員的工作則爲計畫細節之執行。此外，中低級人員除執行政策外，尚須完成若干例行性活動，在現代國家，主要的例行性行政活動項目爲：(1)稅務之稽徵；(2)執行法律，例如刑法；(3)調查工作，諸如戶口調查，市場調查，公共衞生調查；(4)公共服務，如建造公路、水利、就業輔導、福利等；(5)地政事務；(6)計畫性發展，如鼓勵工業發展、開發落後地區；(7)公營事業之經營，如銀行、電力、公車、郵電等；(8)研究與推廣：如科技、農業工業之研究與其成果之應用與推廣；(9)庶務，諸如人事、審計、採購等活動，共同的在維持行政機關本身的健全，以利其他活動的推展。

第九章　立法機關

　　大多數民主國家的政府都是三權制的。雖然行政、立法與司法三權都重要，但一般民主理論家，往往特別重視立法權，此因立法機關是民意機關，代議士們直接反映人民的願望與利益，並受人民的委託監督行政機關。民主國家既以民意為重，立法機關自應受到高度的尊重。

　　民主理論固然強調立法機關的重要與崇高性，但今日民主國家的實情，似乎顯示兩種發展已在威脅立法權的尊嚴：第一、行政權的膨脹，似乎難以遏阻，不少民主國家的立法議員，見到這種演變，都在竭力求取所謂「兩權的平衡」，甚至恢復立法機關的「憲法地位」，但實效都不甚大；第二、由於立法機關在政策制訂方面的影響力已在下降，許多議員都在「服務」項目上「討好」選民（這是舉世民主國家普遍的現象），有時這種作風，相當有損議員甚至議會的形象。同時，議員人數眾多，良莠不齊，若干敗德亂行的議員的行為，經過大眾傳播的渲染，在民間造成甚大波瀾。目前，在不少國家，人民對立

法者或代議士的風評都是充滿矛盾：一方面，由於執着於傳統的重視「民意」的理念，在抽象的層次，肯定他們的崇高地位，另方面，受到大眾傳播的影響，往往視他們爲「政客」、「假公濟私之徒」。

由於對立法機關的不信任，目前若干民主國家，已興起兩種運動，一種是草根民主運動，以「參與民主」爲口號，企圖貶抑「代議民主」的價值，並減低代議士與立法機關在政治體系中的功能；另一種是改革立法機關與代議士的品質的運動，譬如一九八〇年代西德崛起的綠黨 (The Green Party)，不僅代表環境保護運動與反核試運動，而且也代表一種企圖改革國會的努力；多年以來，西方民主國家，國會議員受其所屬政黨控制的程度已在下降，有些國會議員雖掛了黨籍之名，但大多憑自己的種種關係當選，因此對黨的約束不甚重視，其重視者爲個人的利益與前途，由於這些往往得自政府行政首長，對政府行政首長的意向往往不敢違抗，如此，他們常常缺乏原則，也不去適當反映民意，綠黨的組織者決定凡以該黨名義當選之議員，必須嚴格奉行該黨的政綱，其獲自議會的一切利益，甚至薪俸，都不得悉數歸諸己有。

這些改革努力，效果值得懷疑，因爲都是基於對「代議民主」性質與其在當代社會中運作的問題之誤解而設想的。

壹　代議的涵義

我們曾經指出，在今日社會，代議民主已成爲實行民主政治的惟一途徑，直接民主已不可能，所謂「參與民主」，僅能在非政治組織內運作，不能適用於國政上，故其至多僅能補充代議制之不足，而無法加以取代。所謂「代議民主」，是以代議機關（議會）與代議士（議員）爲行動主體的民主政治，原則上，代議民主的良窳決定於兩項因素：一是代議機關及代議士與人民間的紐帶（linkage）是否適當而密切；二是代議機關暨代議士的素質。欲了解「紐帶」問題，我們必須分析代議的涵義。

關於代議，有兩種較傳統的學說。● 第一種學說是所謂「反映」說。若干理論家，如法國的盧騷，曾經指出民主國家的議會不應主動創制政策，而只應忠實反映社會的民意。他們認爲實行民主最好的方法是人民直接參與商議國是，但旣然在現代國家這不可能，就只得乞靈於代議制，然而，唯有代議機關與代議士把自己的功能侷限於「反映」民意，否則代議機關就會淪落爲一羣寡頭的集合，其使用的名義雖爲民主，而民主則蕩然不存。溫和的反映說也可稱爲代表說；另一種代議學說是所謂「獨立判斷」說（又稱「委任」說），最著名的理

● 關於代議理論，參閱 Hanna Fenichel Pitkin, *The Concept of Representation*. (Berkeley, Los Angeles, London, 1972).

論家是英國十八世紀的政治家勃克（Edmund Burke），一七七四年他在布利斯托（Bristol）當選爲下議院議員後，寫了一本小册子，分發給選民，告訴他們他爲他們辦事的原則。他指出：❷

> 「（選民）的願望必須受到尊重，其意見必須獲得重視：議員必須全力以赴毫不懈怠地處理他們的事務……但是他自己公正的意見，穩健的判斷，開明的良知，不應爲你們或任何人，或任何集團而犧牲……。倘若政務只是憑意氣之爭，諸位的意願自當無疑地被服從；但政務與立法需藉推理與判斷來進行，徒憑意向是無濟於事的。倘討論之前就已決定，由一羣人商議，而另一羣人判斷，謀略者與決斷者相距幾近三百哩，推理又如何進行？……議會並非一羣代表互相敵視的不同利益的使節之集會……它是一個具有共同利益的國族的議事集會──地區的目標與偏見不應指導其行事，全民共同理智產生的公益才應如此。」

有人也許認爲在十八世紀的英國，選舉權僅少數具有相當教育程度與財產的人才能享有，這些選民的利益單純，故「獨立判斷」說也不至過份違背民主原則──在這種社會情勢下選出的議員，在重大原則上必然會「反映」選民，其行使的「獨立判斷」不過涉及細節的問

---

❷ Edmund Burke. "Address to the Electors of Bristol, Nov. 3, 1774," in Burke, *Works*, Vol. 2 (Boston, 1871), pp. 95-96.

題而已。如今，社會日趨複雜，選民利益分歧，不同選區對重要政策的立場迥異，如讓議員們行使完全「獨立」的判斷，則議會必將無法表現民意。此種看法，自然有相當道理；然而，即使在今日，議員的「獨立判斷」仍有其價值，由於選區的民意有時可能相當不理性，充滿偏見與無知，尤其在關於外交與國防等政策上，選民中很少有人能冷靜地思考，其觀點可能受選區中少數「狂熱份子」「極端民族主義份子」的影響，議員在這種情況下，如完全放棄個人的判斷，一味聽從選區民意，則國家利益可能受損。

匹特金女士（Hanna Pitkin）認為主張「反映說」與「獨立判斷說」的兩派人士的爭辯，實是源於其對真正的代議之觀念迥異所致。反映說的理論家的看法是假如一個代議機關中，代議士的作為可任意違背選民的意願，這又有何代議可言！而主張獨立判斷說的人士則認為代議士必須制訂政策，完成立法，並不僅是反映「民意」的工具，欲真正履行立法功能，就不能不運用自己的判斷了。更何況在一個複雜的社會中，民意變幻莫測，一個只圖「反映」它的機關，幾乎會成為無舵之舟，遑論有所作為了。

以上兩種代議理論，事實上都是一偏之見。魏爾克（John Walhke）等研究美國四個州州議員的立法行為，發展出一個三分的代議士角色類型：❸ 若干議員自認為「代表」（delegates）即反映民意

---

❸ 　John C. Walhke, H. Eulau, William Buchanan, and Le Roy C.

者；另一些則自認為受託者 (trustees)；另一類多數議員自認為「政客」(politicos)，為以上兩類的混合，他們的行為有時像「代表」，有時像「受託者」，最後一類的立法成就往往較佳。議員扮演何類角色，一方面固然是其個人性格知識與能力決定的，另方面也是選區特性，一方面固然是其個人性格知識與能力決定的，另方面也是選區特性，黨派競爭強度……等因素決定的。就議員的性格，知識與能力而言，凡性格比較隨和從眾的，就不可能扮演「受託者」的角色；對立法的知識與能力較差，經驗較欠缺者也不可能，政治手腕不夠靈活者，頗難扮演成功的「政客」角色，就選區的特性而言，只有選區競爭性弱的資深議員才能扮演「受託者」角色而不虞落選；而居民教育程度較高的選區的議員比較能成功地扮演「政客」的角色。

檢討了代議理論，我們擬討論選區與代議機關暨代議士的紐帶應該如何。代議機關必須代表民意，代議士必須反映民意，是不容置疑的；但這項原則運用於具體的事例上，要考慮兩點：一、某一選區的民意與全國民意與國家整體利益的矛盾問題：當選區的民意與國家整體利益與全國民意過於矛盾時，民意代表似乎不宜過份堅持代表選區民意，相反地，應設法說服選民改變其立場；二、在國防外交的基本政策上，選民的知識可能不足，民意代表應較自由地運用其自己的判斷，在其他的政策領域，民意代表應約束自己，不宜藉口「獨立判

(續)Ferguson, *The Legislative System* (New York, 1962).

斷」，忽略選民意見。

除了上述原則性考慮，今天，代議機關與代議士，在維持與民意的紐帶上，也遭遇一些技術性困難，如何克服，也值得考慮。首先，由於人口膨脹，選區的代議士已不可能與選民保持廣泛的經常性直接接觸。雖然代議士可使用種種探測「民意」的方法，但這些方法各有其缺點，因而代議士了解民意的企圖，無法圓滿達成目標；其次，選區的利益團體在反映民意上，可能扮演過份重大的角色，如此，不參加利益團體的衆多選民的民意，將遭到忽視。如何瞭解這些「沉默大衆」的民意，似乎是代議士不宜忽略的。

貳　代議機關

決定代議民主良窳的另一因素是代議機關與代議士的素質。在本節中，我們擬討論代議機關，在以下（叁）一節，我們擬探討代議士的素質及相關問題。

一、代議機關的類型：代議機關的類型，劃分的標準為代議之原則。十九世紀以前，歐洲各國的代議機關，其代議的原則是根據階級利益；譬如法國的三級（estates）會議。代議士的選拔係根據社會上三種身份的人——貴族，教士與平民——各有不同的「利益」。由於代議原則僅為「利益」，用別的原則來衡量其組成是不適當的：貴族與教士在全人口中比例甚小，而平民的比例甚大，然而代議士的人數

中，貴族與敎士的人數反超過平民，十九世紀以後，許多國家最主要的代議原則則爲「全民」，代議士的權力取自人民的授權或委任，整個議會代表全民。然而，「全民」並非唯一的代議原則，其他次要原則也存在。種種次要原則的存在，往往基於各國歷史的因素或其他環境因素。

當代議機關的組成根據兩種原則時，就有兩院制的（bicameral）的代議機關，根據單一原則時，就有一院制的（unicameral）的代議機關。

一院制的代議機關計有丹麥、芬蘭、以色列、盧森堡、紐西蘭與瑞典的國會與美國尼布拉斯加（Nebraska）州議會。

兩院制的國家甚多，諸如英國、美國、法國、西德、蘇聯、日本、義大利等都是，玆列舉數例，以說明其劃分的根據的代議原則。

英國國會的兩院爲上議院，又名貴族院（House of Lords）與下議院，又名平民院（House of Commons），英國國會是世界上持續存在最久的國會。本來代議的原則是「利益」。貴族院代表貴族與敎士（英格蘭國敎敎士）之利益，平民院代表部份平民（鄉紳與城市中產階級）的利益。這兩種利益，與皇室的利益〔所謂議會中的英王（The king in Parliament）代表此。〕構成英國社會的三種「利益」，隨着英國社會的民主化，選舉權的擴充，農民、勞工等獲得政治參與。「全民」原則漸漸抬頭，然而，英國並未盡棄其傳統的代議

原則，目前，貴族院的權力已大爲削減，事實上，英國已接近一院制了。

美國國會由參議院與衆議院兩院組成：參議院的組成根據的代議原則爲「利益」，在這一聯邦制國家，此卽州的利益（州權），爲象徵州的主權平等，不論州的人口多寡，每州有兩名聯邦參議員；衆議院的組成，根據的原則爲「全民」；雖然，在美國，與英國一樣，「全民」原則逐漸抬頭，但其具體表現不是參議院勢力的削減，而是參議員產生方式的改變，早年參議員由州議會推舉，自聯邦憲法第十七項修正條款於一九一三年通過後，改由人民普選產生。參衆兩院皆由選民直接投票產生，權力大致相等，故美國的兩院制國會名實相符。就國會組織而論，德國的情形與美國相髣髴。

法國、義大利與日本，都有參議院與另一院（名稱各異，法國稱國民大會，義日稱衆議院）。這些皆爲單一制國家，也無法定的貴族，其設置參議院，另有目的：卽理論上參議院較多受政治壓力較輕的老成持重之士，衆議院通過的法案，可在參院獲得較冷靜的重新思考，這些國家的參議院實際權力略小於衆議院，但也不似英國的貴族院般幾乎無權。

二、代議機關的組織與運作：由於代議機關的組織與程度對立法程序與成果影響頗大，我們不能不注意正規的結構與議事規則；然

而，往昔的研究者僅詳細描寫這些結構與規則，近來才有人把注意力集中於結構、規則與立法結果三者的聯鎖上，關於代議機關的組織與法規，我們必須討論組織的正式領導，委員會的組成，與議會議事法規。不過，僅從組織的正規而與議事規則，我們無法真正瞭解代議機關的運作；為獲得一個周遍的認識，我們必須知道代議士的角色結構，代議機關內的不成文規範，與非正式領導等。

㈠正式領導：代議機關中的領導份子，往往由政黨遴選，因此討論正式領導，必須敘述代議機關內的政黨組織。在英國，議會中的多數黨（事實上即是在下議院議員大選中贏得多數席次者）負責組閣，閣員必定為多數黨議員（大多數為下議院議員，但也有少數上議院議員）。內閣事實上也就等於議會中多數黨的領導集團；主要反對黨居領導地位的議員組成「影子內閣」，準備在多數黨內閣被推翻時，出來組閣。由於英國政黨的黨紀良好，同黨的國會議員大體上都能服從議會中的黨領袖，英國國會下議院議長，純粹為一主持會議者，在執行其公務時，要公正無偏，不能具有政黨色彩，議長的地位雖然崇高，但並無實權，他不是國會重要的領導份子之一。

美國的情形迥異於英國，參議院中僅有一百名參議員，任期長達六年，彼此都相當熟悉，而且每位參議員在本州皆為名聲甚高，影響力頗大的人物，自視較高，尤其大州選出的資深參議員及具有特殊才

華或魅力的參議員皆有全國性聲望，較不願受正規階層組織的約束，參議院中的領導方式，自然與衆議院與英國國會的下議院不同。參議院的議長名義上由美國副總統兼任，但議長的權力極為有限。除了在少數儀典場合，如總統宣讀國情咨文，外國元首演講等，他主持議程，平日並不出席參院，雖然按規定，當議案表決贊成與反對票相等時，他可投決定性一票打開僵局，但由於此種情勢從未發生，也甚難發生，此權幾乎是虛設的。除副總統外，另有代理議長（President of the Senate pro tempore）一人，通常公推一位年齡較高，能力不甚卓越，但為同僚普遍喜歡的參議員擔任，此職的職務僅限於簽署參議院的決議案文件，此外並無工作。參院全體大會主席，常常推派新進議員輪流擔任，此因大家皆視此為苦差，只得迫新進者勉為其難。參議院眞正的領袖為參院多數黨領袖與少數黨領袖，他們的助理（助理領袖擔任類似英國下院中的議鞭之工作）與各常設委員會的主席（由在該委員會中擔任委員時間最久的多數黨議員出任）。在這些人當中，領袖與助理係黨籍議員推選的。衆議院為四百三十五人組成的龐大機構，需要較嚴密的組織，衆院議長一般都由多數黨中最具聲望的議員擔任，此人除了在主持全體會議時形式上須保持公平以外，不必隱藏其「黨性」色彩，衆院由政黨負責推選其領袖與助理領袖。此外，各常設委員會的主席，也由多數黨最資深委員充任，這些人士

構成國會中的正式領導階層。

　議會中往往設有常設委員會，特別委員會 (*ad hoc* committee)
等，這些委員會的主席權力甚大，在美國的慣例是委員會主席由委員
中多數黨籍最資深者（卽連續當選次數最多，擔任委員會成員比其他
同黨人士久的人）出任，英國則由黨決定，但在決定時往往徵詢所有
黨籍委員的意見，近年來，美國國會新進議員對慣例已不滿，並反抗
少數委員會主席的專橫，已在作改革，目前若干委員會主席已不再由
資深者出任。人數多事務雜的委員會又分爲若干小組委員會 (subco-
mmittee)，小組委員會主席往往由委員會主席遴選。

　㈡委員會的組織：常設委員會爲議會中職權最重要的委員會，其
任務爲設計與審查立法提案。議會人數頗多，立法的種類龐雜，故其
全體會議之任務往往僅限於批准或否決常設委員會的提案，因此，常
設委員會的決定實爲任何議案能否成爲立法的首要關鍵步驟。英國國
會下院的常設委員會惟一的功能是制訂法律，其數目按需要而定，一
般來說，大約爲八個，由於常設委員會被假定爲整個下院的縮影，故
並無專業性，唯一例外，爲蘇格蘭事務常設委員會(Scottish Standing
Committee)，由蘇格蘭各選區選出的議員組成，其任務爲審查一切
與蘇格蘭有關的法案。英國下院常設委員會人數自十六人至五十人不
等，下議院議員中並非人人皆參加常設委員會，但內閣大臣與「影子

內閣」成員皆被選入不同的委員會，近二三十年來，英國輿論對下院常設委員會的非專業性漸漸不滿，許多人認爲不足以應付當前的社會需要，而主張仿照美國，設立專業性的常設委員會。在英國的國會體制中，爲特殊事務設立的特別委員會（ad hoc Select Committee）扮演的角色不亞於常設委員會，此因其專業性使其更能有效地處理比較技術性的立法問題，如國營工業特別委員會、科技特別委員會與農業特別委員會（ad hoc Select Committees on Nationalized Industries; Science and Technology; and Agriculture）都扮演重要的政策角色。另一種特別委員會是調查某一重大社會或政策問題，或則嚴重的政府人員違法瀆職事件而設的，在十九世紀時，這種委員會設立較多，在一八六七年至一九〇〇年間，平均每年設置三十三個這類委員會，自一九四五年至一九六一年，平均僅十五個而已。其功能已漸由皇家調查委員會（Royal Commissions）與政府部會的調查小組及司法偵查取代，特別委員會委員約十五人，當委員會成立時任命，理論上，特別委員會在其處理的事務終止時就解散，但在實際上，許多特別委員會如上列科技、農業等委員會，自一九六七年成立後，就未取消，而且角色日益重要。美國的參議院共有十七個常設委員會，衆議院共有二十一個；每位衆議員擔任一個常設委員會，而每位參議員則通常在三個常設委員會服務。常設委員會委員兩黨分攤，人數

分配與兩黨在整個議院的席次成比例。美國國會的常設委員會是專業性的，例如參院對外關係委員會 (Senate Committee On Foreign Relations) 專門主管外交法案，委員會除制訂立法外，並監督立法的執行。美國國會的常設委員會常常再行分割爲小組委員會。例如參院的對外關係委員會有十個小組委員會：非洲事務、西半球事務、裁軍與國際法暨國際組織、經濟與社會政策事務、歐洲事務、遠東事務、反種族滅絕公約、近東與南亞事務、海洋及美國的安全條約與海外義務等。目前，美國國會共有大約二百五十個小組委員會。

㈢議事法規： 議會的議事法規對議事與立法， 具有相當大的影響。美國參議院規則第二十二條，規定對冗長辯論的中止，有利於一九六〇年代突破南部諸州參議員的杯葛，使民權法案獲得通過，固不待言；衆議院規則委員會 (House Rules Committee) 的保守份子常常利用死板的議事規則來阻擋議會中佔優勢的自由派欲通過的議案。 美國政治學會國會研究計畫項下出版的第一本著作， 是佛洛門 (Lewis Froman) 的《國會程序》(*The Congressional Process*) 即爲有關議事法規實際運作及其政治後果的系統研究。❹

議事法規的重要性，與議會成員人數的多寡及機構的傳統頗有關

---

❹ Lewis Froman, *The Congressional Process Strategies, Rules and Procedures*, (Boston, 1967).

係。美國參議院的議事規則給予每位議員相當充裕的發言時間，而且其行動具有相當大的自主性。此種議事規則的採納，不僅是由於參院人數頗少，而且傳統上參院是象徵州權平等，並且一向爲人口少的小州的屏障，代表少數利益，然而，這類規則往往被少數派用來阻止多數人意志的實現，如一九六〇年代南部各州藉議事規則所允許的「冗長辯論」（filibuster）來延冗民權法案的通過。在人數較多的英國下院或美國衆院中，議事法規往往能給予領導份子相當大的權力，因爲沒有這種權力，議事的效率就難維持。

　　㈣規範、角色結構與非正式領導：議會爲人羣組織，其非正式領導與規範，對其運作具有影響，自不待言。事實上，由於議會的特性——較不強調階層性，衝突與妥協的合法性……等——，非正式領導與規範，比其他類人羣組織更加重要。我們首先討論議會的規範：所謂規範，乃是指非正式的不成文的行爲規矩，這些都由議員在其與同僚交往中內化，它們對其立法行爲具有限制與指導作用。在一個正式規則比較鬆散，並高度尊重個人判斷的團體中，如美國參議院，規範的作用，尤其重要。新聞記者懷特（William White）曾把美國參議院比喻爲世界首席俱樂部，他的著作《堡壘》（*The Citadel*）對參院的規範敍說甚詳；政治學者馬修斯（Donald Matthews）曾經有系統地研究美國參議院內的規範，諸如新進參議員如堅守「沉默是金」的格言，勤於出席委員會會議，努力做資深者不甚願做的工作，對資深者

保持適度「敬意」，比經常出風頭者，有利於自己在參院中獲得成就。**❺**

在兩院制的議會內，甲院議員對於乙院議員，也有若干行為規範，通常一位議員要在其本院獲得同僚人信任，對他院的議員最好「敬而遠之」，「敬」在維持兩院表面的和諧關係，以利協調，「遠之」在避免讓對方知悉本院太多「秘密」，因為兩院間權力的猜忌，是難免的，而對自己法定職權的絲毫不讓步於另一院也是常事，然而兩院為對抗行政部門仍必須合作。

對於社會，規範較不固定，議員在這方面的「自由」隨其個人的政治實力而異。例如：魏爾克等研究美國四個州的州議會後，發現議員們對遊說者的態度，可歸納為三種角色：支助者、抗拒者與中立者。有些議員與支持其當選的利益保持密切聯繫，尤其在議員薪金偏低的州，議員要靠利益團體的津貼才能維持比較舒適的生活，這種依賴利益團體過大，一味維護利益團體的立場之議員，被稱為「囊中議員」("pocket legislators")，而一些對某一團體特別友善者（可能是因為具有會員身份），則被稱為「壇內游說者」("inside lobbyists")。

議員們對行政部門、同僚及社會都發展出不同的角色 (role)。角

---

❺ Donald Matthews, *U. S. Senators and Their World* (Chapel Hill, 1960).

色的形成，部份是由於正式的規則，但主要是由於非正式的規範，人們對規範的解釋不同，就形成其對自己應有何種行為，有了不同的看法，因而產生了不同的行為型式，此外，個人性格與選區特性也對角色的形成具有影響。美國國會議員對行政首長（總統）的行為型式，計有數種：有些議員服從其領導；有些對其言論賦予特別注意，在可能範圍內，儘量尊重他的意見；有些則重視維持立法部門的獨立自主，一味抗拒其提議。議員們對社會的角色也頗不同，分析個別議員的行為在解釋角色與規範上是頗有貢獻的。❻

議會中非正式領導相當重要。非正式的領導者的影響力並不來自法定的職位，而係由於其個人的立法才能、人際關係、服務年資、社會聲望等因素使然。這些非正式的領導者有時可能被甄用為正式的領導者，但有的可能因為種種理由——諸如隸屬小黨，政策觀點過於獨立，選區重要性較差，與政黨的最高領導份子不能投合——而無法成為正式領導者。非正式領導者對立法素質的改進，往往有相當大的貢獻，因為他們往往能在某些情況下超越黨派的偏見，領導議會中較具「獨立判斷」的力量，完成正式領導者無法完成的工作。

---

❻ Ralph Huitt, "The Outsider in the Senate: An Alternation Role," *American Political Science Review*, LV (1961), pp. 566-575.

代議機關的素質，與其組織與運作所賴的成文規則與不成文規範關係頗爲重大。代議機關的功能一方面是反映民意，另方面是制訂法案。爲有效反映民意（民意不是一種，而是相當多樣的），其組織必須高度民主化，俾每位議員皆能暢所欲言，議會的領導權應分散，而且侷限於較小的工作領域中，然而，如此做不免對其立法的效率與效能產生不良的影響。議會更不宜過份強調「領導」，與組織高度的階層化，因爲這無疑切斷民意與立法間的紐帶，使立法完全代表政黨領導階層的一己之見。如何使議會在其內部組織上，達到適度的民主化，適度的領導，是值得注意的。

叁　代議士

代議機關是代議士的集合體，故歸根究底，欲了解代議機關，必須了解代議士，而代議機關的良窳，與代議士的素質有密不可分的關係。政治學者研究代議士，大都注意其社經背景，選區特徵與基本價值取向。這些因素與其在對法案的投票紀錄間的關係，往往是探討的重心。

馬修斯曾研究代議士的社會背景，諸如收入、教育程度、與當選時的居住社區情況，並將這些與一般人民互相對比。❼這類研究發現在西方國家，代議士大多來自中產階級家庭，受過相當良好的教育，

在英美諸國，本業爲律師者爲數甚多。❼ 在法意等國，右翼或中間派議員，甚多地方名流，諸如工業家，鄉村地主，小鎮銀行家之流，左翼黨派則多知識份子（如教師）及工會行政人員。工人出身者爲數並不太多。在開發中國家，代議士也都是教育較高的人，如非洲國家，教師特別多。在我國臺灣地區，在行憲早期，代議士中頗多地方仕紳與醫師，中期則多企業界人士，也有不少黨工人員，近年內，企業界人士、黨工以外，又增加了一些專業人員如律師、教師等，這多多少少反映我國社會現代化的變遷。

　　另一種研究代議士的方法可以巴勃（James Barber）的著作爲代表。❾ 他根據對美國康涅狄克州州議會的研究，把代議士分爲四種類型：旁觀者（spectator）、自炫者（advertiser）、無奈者（reluctant）、與立法者（lawmaker）。此書的主題是代議士甄選方式與其在立法機關中的行爲甚有關聯。旁觀者與無奈者大多來自政黨競爭不激烈的農村地區。這些代議士往往自己並不汲汲於「功名」，但被人以服務桑梓的名義勸說出任公職。旁觀者對代議機關的活動雖有興趣，但自己並不積極參與，這類議員是缺少自信的家庭主婦，其中不乏地方名流

❼　Donald R. Matthews, *The Social Background of Political Decision Makers* (Garden City, 1954).

❽　Heinz Eulau and John D. Sprague, *Lawyers in Politics: A Study in Professional Convergence* (Indianapolis, 1954).

❾　James D. Barber, *The Lawmakers* (New Haven, 1965).

的夫人；無奈者旣不積極參加立法工作，對代議機關內別人的活動也乏興趣。自炫者與立法者可能都是從競爭激烈的選區選出的，但自炫者的動機在引起社會對他的注意，以利自己其他方面的事業，故其參加立法工作雖然積極，實際上並不眞正感到興趣，唯其如此，他喜歡在引人注目的事務上力求表現，並不眞正關心立法對社會實際的作用；只有立法者旣對代議活動具濃郁興趣，又願積極參加工作，這些人一般年齡較輕，教育程度較高，選自都市地區，關心改革。

在意識型態之區分比較明顯的社會，如法義等國，議員的行爲受其基本價值取向的影響較大。左右兩翼中「意識型態」的純度較大的議員，比較不願與立場不同者妥協，除非所屬政黨作政策式決定，否則寧可讓自己的提案完全失敗，也不願爲拯救自己的提案，與「敵人」交易。這些代議士也有把議壇當作傳佈其「主張」或「理論」的場合之傾向，寧可作公開的言辭辯論，不願從事幕後的立法妥協之談判。左右兩翼中「意識型態」與「實用」目標兼顧的議員與中間派議員則較重視立法過程中獲得實利，他們的行爲自然也就不同了。

一、代議士的主要職務與角色：代議士的主要職責是代表選區人民，反映其意見給行政當局，並維護與增進其利益。如何實踐此使命並非易事。方法之一是在議壇上以言辭來達「代議」目的，此卽「質詢」。在英國的國會制度，質詢實有兩類：一種是以「質」（「質備」）爲主的 interpellation，此卽當每一重大問題發生時，下議院

議員向內閣或某一大臣要求對其立場或採取的政策作一解釋，倘若此項解釋不能令議員滿意，某一數目的議員可提案對內閣或大臣「不信任」，不信任如獲通過，內閣（大臣）必須辭職或解散下院重行選舉；另一種是以「詢」（「詢問」）為主的 questioning，即對政府某一施政要求「資料」或提出「疑問」，議員們往往利用這類質詢的機會，為選區求取分列的利益。當然，在大多數議會中，質詢是代議士們反映選區民意的正當手段，但僅憑此方法，仍不足以促進人民的利益，代議士還須參與「立法」，亦即在基本政策方向上扮演決策角色。在實踐「立法」的功能上，代議士遭遇到其多重角色的角色衝突，就不能悠閒度日了。

代議士的第一重角色，是選區居民的代表，對選區負有責任，在「立法」時，必須顧及選區的利益。理論上，這是沒有問題的，但在實際上，常與他第二重角色衝突。

他第二重角色，是從政黨員的角色，他對其政黨負有責任，要致力於實現黨的政綱並支持黨的政策立場：任何政黨都藉黨紀來約束黨籍代議士，以保證其在重大問題上，採取與其他黨籍議員一致（或至少不牴觸）的立場。

當政黨的立場與選區利益並不矛盾時，代議士當然不會遭遇任何困難，但當這兩者發生嚴重牴觸時，代議士就面臨「角色衝突」的困境了。

　　除了這兩重角色外，代議士的第三重角色是由於他與利益團體的關係引起的。在民主國家，許多代議士的當選，往往是由於利益團體人力與財力的支助，其連任又需依賴其繼續支持，因此，他們對利益團體往往負擔沉重的政治負擔。當「立法」時，如果他們所依賴的利益團體的要求與多數選區民衆或所屬政黨的利益有衝突時，他們就會面臨「角色衝突」。

　　此外，他還會有第四種角色，這是由於他自己的政治理想、良知或實踐某種改革的願望所引起的：當他決定立法投票時，發現其政黨立場、選區民意或利益團體的利益與這些理想或願望矛盾時，他就會遭到另一種「角色衝突」。

　　角色衝突的解決，因情勢與人而異，頗難歸納出固定的型式。我們在此無意對此詳加分析。本節的目的僅在指出角色的衝突與解決，實構成代議士公務生活的動態面。

　　二、代議士的投票行爲：代議士在投票時，必須作一項有利於己的決定：就某種意義而言，這代表其角色衝突的終極解決。立法投票研究的重點之一在探討黨籍在立法投票中佔有之地位。英法等國代議士在投票時，大都遵從政黨的決定，或至少不違反黨所標示的立場。表面看來，這是政黨良好的黨紀使然，事實上，黨紀僅是因素之一，英法諸國代議士投票遵從政黨決定的頻率較高，一個原因是由於這些國家地區性差異較小，社會同質性高，其基本分歧是「階級」（以經

濟地位來衡量），而政黨是以「階級」利益爲基礎建立的；故遵從政黨決定投票，對代議士而言，不致造成美國代議士那種強烈「角色衝突」（政黨與選區）；另一個原因是在許多領域，政黨在作一約束代議士的決定前，必定容許他們充份表達意見，而這項決定往往是一項妥協；就英國而言，在許多政策領域，政黨的決定僅提供黨籍代議士作參考，代議士只要不反對該決定卽可，不必非支持不可。在黨紀不良的美國，表面看來，黨籍也是解釋代議士投票行爲的重要因素。⑩ 然而，克蘭（W. Crane）認爲只有在無關緊要的小事上，黨的團結才易維持，黨籍才成爲代議士投票行爲的決定因素，其所以如此，並非由於黨紀的約束，而是由於代議士們對之並不在乎。⑪ 洛玆曼（David Rothman）的硏究發現在一八六九年至一九〇一年間，政黨不是決定議員投票的重要因素。⑫ 一九六〇年代，由於民權法案之爭執，南方民主黨與北方民主黨爭執激烈，黨籍更不是議員們投票的決定因素。有些學者發現在有關程序的問題上，諸如何人出任議長，按黨籍投票司空見慣，政府所提法案次之，而在涉及地區利益的法案方面，按黨籍投票的情形就少得多了。此外，一個政黨是否控制白宮對議員投票也有影響，控制白宮的政黨，由於能給予議員較多的「優惠」（patron-

⑩ 參閱 David Truman, *The Congressional Party* (New York, 1959).

⑪ W. Crane, "A Caveat on Roll-Call Studies of Party Voting," *Midwest Journal of Political Science*. IV (1960), pp. 237-249.

⑫ David Rothman, *Politics and Power: The United States Senate,*

age)，頗能誘使他們支持黨（卽總統）的立場。不過，在眞正重大的
法案上，這點造成的差異並不甚大。

　　由於黨籍不能作爲解釋代議士投票行爲的唯一因素，我們必須考
察別的因素。地區差異是相當重要的：譬如美國的南方民主黨與北方
民主黨（在羅斯福與杜魯門時期爲民主黨的領導）往往在不少事務上
針鋒相對。譬如民權法案；另一因素爲同州的議員之團結，學者的硏
究發現每當一項法案引起黨籍議員分裂時，來自同州的同黨議員的團
結爲加強。屈魯門（David Truman）對此曾有精闢的分析。⑬ 此外，
選區的特色與選區政黨間競爭的程度也是決定投票行爲的因素。麥克
雷（Duncan MacRae）利用人口資料及政黨競爭程度的資料硏究麻薩
諸塞州的數個選區的議員投票行爲後，發現：「當選時獲票遠超過對手
的議員投票，傾向於與黨的決定相一致……競選時險勝的議員對選區
的特性比順利當選者敏感些。」⑭ 選區對法案的關切程度也是決定議

（續）*1869-1901* (Cambridge, Mass, 1966).

⑬　David Truman," The State Delegations and the Structure of
　　Party Voting in the United States House of Representative,
　　"*American Political Science Review*", L (1956), p. 1034.

⑭　D. MacRae, "The Relation Between Roll Calls and the Cons-
　　tituencies in the Massachusetts House of Representatives,"
　　American Political Science Review, XLVI (1952), pp. 1051-1052.

員如何投票的因素之一。梅休（David Mayhew）在研究了美國的農村、城市、工人區與西部四類國會選區後，發現受法案直接影響的選區之議員們投票時較會採一致立場，「其他」選區則否。⑮

政黨對一貫不理會其所決定之立場自行投票的代議士之處置，各有不同。在美國，一般都無計可施，至多只能對資淺者以不調往重要的委員會作爲薄懲；在英國，則可在連任選舉時拒絕提名；在我國，一九八〇年當選的國民黨籍立法委員中，也有極少數往往在重要法案投票時表現其「獨立」性，而於一九八三年連任選舉前，被該黨拒絕提名。

三、代議士的「次要」任務：代議士具有多重角色，因此不僅常常需要應付因角色衝突引起的問題，而且也有不少主要任務——立法——以外的次要任務，這些任務法無明定，但代議士都不敢疏忽，否則對其政治前途可能產生不利的影響；其第一項次要任務爲擔任選區居民與行政機關間的橋樑：現代行政機關服務項目頗多，這些服務有時難令民衆滿意，民衆爲獲得較佳的服務，可能會請求代議士向行政機關提出種種需求；此外，行政機關在管制人民行爲時，也可能產生種種使人民感到權益受損或不便的情況，民衆也常請代議士要求行政

---

⑮ David Mayhew, *Party Royalty Among Congressmen: The Difference Between Democrats and Republicans, 1947-1962*, (Cambridge, Mass, 1966).

機關作必要的補救或矯正。在若干北歐國家，議會特別設立一位或數位行政失職調查員（ombudsmen）接受人民的申訴並展開對失職的行政機關展開調查，可說是把議員們這項次要任務制度化了；代議士的第二項次要任務是擔任選區的公共關係人：在美國國會議員常常對國人宣傳其選區的優點，以吸引投資者與觀光客，並促銷選區的產品。

由於代議士的角色多重，其任務的種類繁複，人們對代議士的良窳往往難有共同接受的單一標準：一位在「立法」方面頗具才能，並有相當貢獻的代議士，有時並不見得會被選區居民推崇為良好的代議士，倘若他在次要任務上毫無表現；而一位擅長在次要任務上作傑出表現的代議士，可能是拙劣的立法者。我們認為在中央級議會，立法的表現似應作為衡量代議士的首項標準，當然其他任務的成績也不能完全不顧，在地方議會，則「次要」任務可能與主要任務的重要性相差不遠，但「立法」或制訂規則或「政策」仍應視為考核代議士的首要條件。

肆　立法與行政的關係

在現代民主國家，立法與行政機關的關係，構成一個棘手的問題。按照民主的理念，民選的代議士理應控制行政機關（其大多數人員都是委派的），而且，由於今日行政裁量權的擴大，立法控制行政的需要是相當迫切的。然而，從今日國家施政的需要來看，則行政權

的超越立法權似乎無可避免，而且也是理所當然的。除了這兩種可能的關係以外，更有人主張兩權的平衡，這種理想是許多人追求的，但事實上並不可能。

　　就行政與立法的關係而言，理論上，英美代表兩種不同的型式。英國以所謂「議會至上」為原則建立政府，按理議會應該是它的權力中心，但實際上「內閣」（為議會的一個成份）反成為真正的核心，足以指揮議會（或議會中的多數黨議員）完成施政的任務。美國在行政──立法關係上，強調分權與制衡，這可從其憲法的種種規定與這關係方面發展成的各種慣例推知。

　　然而，以上的描述，與實際情況仍有出入。英國的內閣雖然「指揮」國會的下議院，但這並不表示它可永遠保持其控制權。在任何涉及對內閣的信任投票中，反對黨當然會對內閣展開猛烈攻擊，自多數黨議員中也可能出現「叛徒」，如此，內閣可能被推翻，這種情形在多數黨與少數黨議席相差甚少，或內閣政策引起社會普遍不滿時，最易發生。美國的行政──立法關係相當複雜，而且頗富動態，不是分權與制衡這類概念所能涵蓋的。

　　在美國歷史上，總統與國會爭權之事屢見不鮮。當國家遭遇嚴重困難或危機，總統又為雄才大略者之時，國會每感權力被削減，而在太平盛世，國會常試圖駕御總統。本世紀以來，由於外交與國防的重大需要，行政權的膨脹，已為潮流所趨。然而，國會企圖「平衡」行

政權的努力，則始終不懈，尤其當行政權的運用，不獲社會信任時，國會的努力就不致毫無成就，譬如越戰與水門事件，使美國民眾對行政權的擴大頗有戒心，國會才能在一九七三年通過戰爭權力法（War Powers Act）嚴格地限制了總統派遣美軍前往海外作戰的裁量權。然而，大體來說，行政權的擴張，是一項明顯的事實，對於這種情勢加以限制，當然仍有可能，欲使行政權恢復至二十世紀前的情況，殆無可能。

伍　立法與司法的關係

　　政治學者比較重視立法與行政的關係，亦即狹義的「政治」關係，但也有一些人曾努力於探討立法與司法的關係。在「議會至上」的國家，立法與司法的關係比較單純，就司法機關裁判所依賴的法律而言，立法權永遠凌駕司法權，司法機關並無「創制」新法的權力。但就司法機關的審判權而言，司法獨立當然是民主政治的通例。在美國，由於「司法審查」（judicial review）的傳統，立法與司法的爭執，在所難免，這問題就更值得探討。所謂「司法審查」，簡單地說，是指司法機關具有就立法機關所制訂的法規是否違憲一事作裁決之權。當司法機關作這類裁決時，必須根據訟案，但必然涉及憲法條文與國會（或州議會）制訂的法規的詮釋，這就不免與國會中的一些議員發生意見的衝突。爲避免這類衝突，美國聯邦最高法院曾發展出

一些行爲的「規則」，例如盡量瞭解「立法本意」(legislative inte-
nt)，並拒絕對「政治」問題作司法裁決，然而，由於「立法本意」
頗難測定，所謂「政治」問題與「法律」問題的分野也殊難分劃，立
法與司法衝突的消弭頗爲困難。不過，這類衝突不致惡化成嚴重的憲
政危機，主要原因是美國司法人員一般素質均佳，在社會獲相當尊敬
與信任，因此卽使對其裁決甚爲不滿的集團，也不致逼迫其代議士對
其作過於敵對的挑釁行動，而司法機關本身在裁決憲政案件時，也頗
小心謹愼；此外，美國政治制度提供受不利判決的集團減少損失或彌
補其失敗的機會。

第十章　司法與法院

在現代民主國家，「法治」特別受人強調，所謂「法治」具有兩重意義：第一、法治是與人治相對的。在法治國家，政府權力的行使，必須根據法律（倘若根據行政命令，該項行政命令必定有堅實的法律基礎，由依法具有發令之權者發佈，並與法律不相違背），並在法律規定的限度內以法定程序爲之；在人治國家，一位或數位執政者或其代理人的意志構成政府權力的基礎。第二、所謂「法治」是指社會的政治關係必定是由法律（尤其指憲法）釐定的，因此有定規可循，關係的各方對另外一方或數方的行爲可以正確的預期，因此權利義務才能落實，而這一關係的維護，則依賴公正而獨立於社會中任何政治集團或個人控制的司法機關的存在。

在個人與個人，個人與集團，集團與集團，個人與政府，集團與政府，政府各部門的錯綜複雜的種種關係上，強凌弱，衆欺寡的現象與彼此衝突的情況，往往難以避免，在現代社會，主持公道與正義或解決爭執的職責都由司法機關承擔，因此，司法機關實處在戰略性地

位，一個社會能否公平、合理、和睦、安寧，與司法機關能否發揮良好的作用，關係異常重大。

壹　司法機關之功能

司法機關的主要功能，可分為三項：㈠裁判，㈡新法的創造與㈢監督法律之執行，茲分述如后：

一、裁判：司法機關最主要的功能乃是解決紛爭。此種解決必定是應用法律的結果；倘若一件紛爭，不能經由運用法律來解決，司法機關往往無能為力。例如一九五〇年代以前，美國法院對議員選區劃分不公引起的糾紛，往往視為「政治問題」，應由「政治」機構（國會）來處理，而拒絕裁決；必待貝克案（Baker V. Carr）中，聯邦最高法院擴大解釋憲法中「平等保護」條款後，才把此事視為「司法」問題。司法機關之裁判，細析之，可分為糾紛事實的肯定，違法之決定（即根據事實，是否違法及違反何法），及違法後果的裁定。

所謂司法糾紛，可能涉及私人間，諸如一人控告另一人違反契約、私犯其私有財產等；或私人與政府間，諸如政府控告私人逃稅，或私人控告政府侵害其權益等等。

司法糾紛按涉及的事實與性質，可分為民事與刑事兩種訴訟，民事訴訟涉及者為個人的私權，諸如財產權等。民事訴訟的裁定根據民法，主要在決定損害賠償的程度；刑事案件因某人的行為違犯國家的

刑法而起，國家（由檢察官代表）在法庭中控告，法庭的任務是裁定他是否犯法及決定其應受何種處罰（如刑期與罰款，雖然刑法規定各種罪的刑期，但大多有伸縮性，法庭在決定每一刑件被告的處罰時，擁有某種程度的裁量權）。

所謂法律的應用，並不一定涉及訟案。大多數公民如能領悟法律的尊嚴及其對社會的貢獻，就能自動守法，則犯法者就限於少數人。此點的達到，公民的守法精神之培養固然重要，而法律本身的適當與執法的公平也不可忽視。人們儘管可說「惡法亦法」，但人民對惡法的遵守程度必然會低於良法。司法機關執法的公平與認真，對法的尊嚴的維持，其關鍵性作用，自然是不待言的。

糾紛的解決，並不一定非依賴法庭不可：在較傳統的社會，民間的長老，地方的德高望重的長者，都從事排難解紛的工作，他們的仲裁，常使糾紛消滅於無形。在現代國家，不少糾紛是在行政機關中解決的，譬如公民發現繳稅太多可向稅務機關申訴，大多不必經過司法程序；美國聯邦政府的「獨立」管制委員會具有準司法功能，對其主管事務中的糾紛具有初步裁決之權──不服者可上訴至聯邦巡廻法院──。在民事糾紛中，法院也可能鼓勵涉訟的兩造，在庭外達成「妥協」與「和解」。這些糾紛解決的方法不僅可減少司法機關的負荷，而且對社會和諧的維持，也有貢獻。

二、創造新法：司法機關的主要任務當然是當個別案件發生時，按現存的法律裁判。但法律是相當靜態的，修改法律與創制新法的正規程序相當迂緩，然而，人羣關係則常變動不居，嶄新的情勢經常出現。因此，司法機關必須具有某種限度的創制新法的技術以應付新的情勢。此外，今日社會是高度複雜的，在有些領域內，立法者僅能訂下一些「原則」性的法規，在應用這些法規時，細節性的解釋必須由司法機關爲之，此種解釋實質上卽構成「新法」，當然，司法機關不能任意創制新法，在英美等習慣法（common law）法制的國家，法院首重判例❶。如有必要創制新法，也須循判例推演得之；若無判例可循，也必須自其他權威性來源（如國會的立法紀錄）中推演合理的原則，而後依此原則爲之。法院創制的「新法」，事後還需立法機關追認，如立法機關拒絕追認，依然無效。近年來，在英美此往往不成問題，因爲人們已認識在一些無關基本原則的領域，法院創建新法的工作不可或缺，而英美司法人員的素質頗高，易獲社會信任。在大陸法系的國家，因爲裁判重視法典，司法機關創制新法的功能極爲有限。

三、監督執法：司法機關監督執法的範圍頗大，諸如信託的履行，公司的改組，離婚後各項事務之處理，保險的業務，均受其監

---

❶ 參閱 Roscoe Pound, *The Spirit of the Common Law* (Boston, 1921).

督；更重要的是它具有廣泛的權力來監督政府的作爲。當然，在不同的制度下，法院對行政機關的監督權是不同的，在大陸法系國家，監督權很小，但有權處理不同機關間行政管轄權的紛爭，有時也可決定何事屬公法，何事屬私法的範疇。在習慣法的制度下，司法機關可按司法審查的原則監督行政措施。

貳　司法系統

現代世上的兩種主要法系爲英美的習慣法法系，與歐洲大陸的羅馬法典法系。在十九世紀以前，雖然還有傳統中國的法系，回教的法系……等，但這些法系的影響力已式微，非西方國家已大體上接受上列兩種法系之一，至少添加一些傳統的成份而已。由於法系不同，司法機關的組織自然也迥異，司法程序也不等，我們擬簡略描述並分析其差異：

一、習慣法法系下的司法組織與程序：

㈠法官：法庭的主要官員是法官（更恰當的說法應是主要的職位是法官之職，即英文的The Bench），每一法庭審理一案件，法官可能爲一人，也可能超過一人。在英美國家，法庭工作人員，除了最基層者以外，都需受過嚴格的法學教育，並且具有律師資格（其律師資格必須通過執業考試，並且其行爲被同行認爲不至玷辱其行業者）。一般來說，在這些國家，法官是由行政首長任命（惟在美國的一些州，州

法院的法官由選舉產生），為終身職，除非因貪污或其他職務上的重大過失被彈劾，或者自動辭職，不得罷黜，這是為保障其獨立性與不受政治壓力所必需的。

（二）陪審團：在習慣系統中，陪審團頗為重要。大體說來，英美法系中法庭的功能由法官與陪審團（jury）分擔，法官維持審案的進行，並裁定法律問題；後者查察事實，並按照法官的支持，把法律應用於事實，表示其對法官的裁定同意與否。陪審團有兩類：大陪審團（grand jury）與普通的陪審團（petit jury 或 jury）。大陪審團僅使用於刑事案件，而且只有在審案的初步階段才使用。當一個人被控犯嚴重罪行時，由十三至二十三位公民組成大陪審團，根據檢察官提出的資料（必要時也可自行蒐證）決定其應否受審，（被控犯重大刑案的人，若是無辜，即使被判無罪，其精神與名譽的損失社會難以補償，故其應否受審，需看初步證據是否存在，是否有某種程度的可信度，大陪審團的工作即在作此項裁決。）其一切工作均在秘密情況下為之。一旦大陪審團中多數人認為可行受審，檢察官才能起訴。有人認為在往昔社會生活簡單，一人犯重大罪行，其鄰居可能風聞，而且鄰居對其素行具正確知識，大陪審團可能有些用處，今日此制已無大用，在英國已經取消，在美國若干州州法也已不用，但聯邦憲法規定在一切涉及可能判處極刑或其他「惡名昭彰」的罪行時，必須使用。

普通陪審團為十二名公民組成，倘若任何人對案件存有偏見，依

規定均不得成爲陪審員。在英美國家，在以往一切刑事與大部份民事審判，都有陪審團，如今雖然已不再如此，但在較重要的刑事案件或甚重大的民事案件之審理中，仍應用它。

在英國，陪審團的決定是九票決定，在美國，則以往一切裁定，均需一致同意，如今，在若干州，州法院的案件，陪審團九票同意即可決定。陪審團制度曾被批評爲浪費執法人員時間與納稅人金錢，使案件累積而增加法庭負擔，甚至造成審判不公（譬如狡猾的辯護人可利用陪審員的不懂法律，但感情脆弱的弱點，爲犯法者尋求解脫）等，但是，陪審團制也有相當多好處，如對專橫的法官的制衡，給予民權較多的保障。（不過，無可否認地，倘陪審團成員不能袪除偏見，則此項功能不易發揮，例如經驗研究顯示美國南方若干州的法院陪審團在裁定黑人爲被告，白人爲受害者的案件中，常輕易決定被告有罪，而在裁定白人爲被告，黑人爲受害者的案件中，則常裁定被告無罪或設法減輕其罪。）

㈢辯護律師：在某種範圍內，相爭兩造的法定辯護人，不論是民事訴訟中的兩位律師，或刑事案件中控方的檢察官或被告辯護律師都應視爲法庭的人員，把律師視作「在野法曹」是正確的，他們都有責任遵守並維護法律及法庭的慣例與尊嚴。

律師不僅對委託者有責任，對其職業（或法律）及法庭也有責任；對委託者他必須以至高的忠誠與勤奮來維護其利益，但他應忠於

法律，珍視職業道德；對法庭，他不應使用任何有損其尊嚴或敗壞其程序的方法來危害它，更不可用卑劣的言行來降減人民對它的信任。在英美等國，律師的作風，如被同行視為不當，常遭各種處罰，諸如損害賠償，暫停執業，取消執業資格 (disbarment)，這些處置，律師同業公會都可自行決定，甚至具律師資格的人，在其他方面行為不端，情節嚴重者，律師公會亦可禁止其執業，例如尼克森因水門案離總統職後，美國律師公會禁止其重新操律師業。

　　律師的角色並非全無矛盾，為了維護委託者的利益，他可能採用不當的技術，如隱藏或湮滅證據，賄賂證人等，為犯大罪的人辯護，更不免種種不法行為，由於此一理由，並減少利益衝突的可能性，英國的律師分為顧問律師 (solicitors) 與 出庭律師 (barristers)， 前者僅提供法律顧問意見，後者出庭辯護，在大多數羅馬法系國家也相似，在美國及我國，則無此分別。

　　二、大陸法系下的司法組織與程序：大陸法系國家主要是指歐洲大陸，如法德義等受羅馬法（或法典）影響較深的國家，及其他受法德制影響的國家，如我國與日本。

　　習慣法系國家的司法制度與大陸法系者固然有不少差異，但在民主國家，司法的基本精神還是一樣的。它們無不重視法官的人選，盡力設法以適當的步驟遴用廉正而稱職的法官，盡可能保護其免於不當外力的影響，尤其是行政當局與政黨的干擾，以保持其「中立」，在

民主國家，不論屬何種法系，公正的司法程序，都受到相當程度的重視。

　　大陸法系與習慣法系國家在甄選法官方面，頗爲不同；在習慣法系國家，法官與執業律師的基本訓練是一樣的。法官往往從律師的行業中選拔，偶爾法學教授也可能出任法官；在大陸法系國家，法官爲公務員系統中的一員，往往通過文官考試後從基層做起，成績優良者慢慢升遷，爲終生的事業，除非犯重大過失，否則享終身職，但在若干國家，司法部長對其考核與升遷具有影響力，如此，他們就不免受一些政治壓力，這是此制的缺點。法國第四共和時期，爲減少此類政治壓力，成立了一個高級司法委員會 (Superior Council of the Judiciary)，由律師與法官組成來負責司法官的任命與升遷；在第五共和初期，高級司法委員會依然存在，但在戴高樂領導下，司法部長的影響力又上升了，戴氏去職後，政治影響司法的情形便漸漸消除了。

　　在大多數大陸法系國家，法官的任命與升遷都由司法部職掌；但在有的國家，如荷蘭、瑞士、奧地利等，政治影響司法的情形幾乎不存在，在西德也不明顯，法國的情形就比較嚴重一些；不過，就是在習慣法系的國家，如美國，某種程度的政治影響司法，也不能完全避免。但是，大陸法系的國家，確乎給予政客與行政當局較多向司法機關行使壓力的機會，而且對民權的保障也可能不及習慣法系。然而，

政治是否影響司法，民權是否能獲切實保障，不僅僅是司法制度的問題，更重要的關鍵在於有無良好的民主自由傳統，及社會內部的制衡。

大陸與習慣法系另一區別是在大多數大陸法系國家，法官審案採合議庭，往往至少三人同席，而在習慣法系國家，只有上訴法庭才是如此，基層法庭往往一人審一案，我國雖為大陸法系國家，在這點上，與習慣法系國家一樣。大陸法系國家採取此一措施，旨在減少一位法官過份運用一己的判斷所產生的流弊；在習慣法系國家，基層法庭由於陪審團的存在，不必設數位法官共同審案，只有在上訴法庭，因不用陪審團，才需數人共同複審案件。

在司法程序方面，這兩種系統的區別比較顯著。大體說來，大陸法系程序的特點是法官充當較主動的角色。辯護律師在審案過程中重要性較低，審案時對程序的技術性細節之遵守不及習慣法系。因其司法程序是偵詢式（inquisitorial）的，而不是習慣法系的對辯式（adversary）的。在對辯式程序中，法官的角色類似一位裁判，他從涉訟雙方辯護律師的對辯中斷案；在偵詢式程序中，他是一位偵詢者，冗長地偵詢被告、原告、與證人，以發掘事實真相。在大陸法系下，法官是「法律的被動喉舌」（孟德斯鳩語）；他缺少「創造新法」的機會，判例缺少拘束性，法官也不努力於發展新的法理觀念。法律的權威來自法典（code）及旨在修正或補充法典中的法規（statutes）。

叁　司法審查

　　在聯邦制國家，司法機關扮演了重要的政治角色，這是「司法審查」（judicial review）的結果。所謂司法審查，往往是指聯邦最高法院有權廢止州（或邦）議會與聯邦議會的法規，倘若它認為這些法規牴觸或違背聯邦憲法。法院此一權力，使其能直接介入若干重大的政治爭執的中心，對許多政治紛爭的解決，具有重大的影響力。因此，聯邦國家「司法審查」涉及的複雜問題，是研究公法的政治學者頗為重視的。

　　司法審查起源於美國，在美國聯邦憲法中，對之並無規定，雖然自憲法的若干條文中，可推斷其存在的需要。不過，這並不是說根據成文憲法，只有最高法院才有資格作為行使該權的機構。事實上，最高法院行使該權，完全是一種慣例，這種慣例沿用已久，就成為「活的憲法」（living constitution）的一部份。

　　司法審查起自馬勃來案（Marbury V. Madison）〔1 Cranch 137（1803）〕，在該案中，美國聯邦最高法院院長馬歇爾（Chief Justice John Marshall）宣稱一七八九年的司法法規的一部份違憲。聯邦最高法院獲得司法審查權後，在政治體制中的權力大增，引起了幾個後果：第一、總統在決定最高法院大法官人選時，不免政治考慮，尤其是其在主要政治問題上的基本立場是否與總統自己相距過遠；第二、

法院的判決，有時可能引起政治性爭議；第三、法院有時可能成爲抵制行政與立法當局的革新努力，以維持現狀的堡壘（如一八六五年至一九三〇年）；也可成爲推動改革的主力，如一九六〇年代華倫（Earl Warren）爲院長時，在撤銷種族隔離的法規，及促進黑人民權上的作爲。

有些人對司法審查有一種誤解，以爲是法院主動把州法與聯邦法加以審查，其實，審查必定是由裁定一個案件引發的，換句話說，一項州法或聯邦法經議會制訂後，可能存在十年，不發生任何疑問，一旦有一公民涉及與該法有關的案件，他如提出訴訟，最高法院如認爲訟訴涉及重要原則，即可受理，如此該項法規的「合憲性」就會被審查了。

由於司法審查在美國存在已久，人們已不再爭辯法院應否有此權，目前爭辯的焦點是法院應在何種條件下行使此權。

大體說來，關於這項問題，有兩種意見。一種意見主張最高法院行使該權應非常愼重，應盡量尊重國會及其他民意機關的決定，除非某一法規或政府行動顯然違憲，不宜以此權撤廢，此主張的主要代表人爲前聯邦最高法院大法官法蘭克福（Felix Frankfurter），他認爲法院的職責在仲裁社會糾紛，擴增人民福利，求取經社平等爲「政治性」機構的任務，並非法院的適當工作，故法院不應爲實施這些目標運用審查權來「干涉」政治機構的決定。另一種主張可以前聯邦最高

法院大法官道格拉斯 (Justice William Douglas) 爲代表。他以爲
爲若干正義的目的，諸如人權的保障，人種歧視的消弭，法院不妨較
積極地運用該權。因法院的功能旣爲維護與促進正義，它不應滿足於
維護現狀；法院固然應尊重政治機構，但也不能忽視「正義」。

　　在其他法院擁有司法審查權的聯邦國家，如印度，這類爭辯也都
存在。目前，司法審查僅在聯邦制國家存在，但這並不是說只在有這
類國家，才能採用該制，譬如日本的一些學者就主張採用之，英國也
曾有類似主張。

第十一章 政　　黨

　　政黨無疑是現代政治學研究的重心之一，其對一國政治體系運作的重大作用，是毋庸置疑的。由於政黨的重要性，關於政黨的著作，眞是汗牛充棟。但是，政黨的性質究竟如何？仍然衆說紛紜，學者們並無一致的定見。在本章中，我們擬擷取政黨研究中較著名的觀點，把政黨的性質，作概括地說明。

壹　政黨的定義與類型

　　政黨是一種人羣的結合，它的英文字 party 是從「部份」(part) 一字轉化而來，此表示政黨乃代表政治社會中部份人的結合，這部份人有其特殊的目的、意識型態、利益或政治理想，遂結成一個集體。然而，人羣結合的方式甚多，政黨不過是其中之一類而已，我們欲瞭解政黨，還必須釐清它與別的人羣結合的方式，如勞工組成的工會等，有何區別。此涉及「政黨」的定義。

　　（一）政黨的定義：我們如把關於政黨的衆多定義，加以分辨，

可大體將其分作兩種：規範的定義與實徵的定義。早期討論政黨的人士界定政黨，都不免以一己的價值判斷爲準，一些對政黨政治作正面估價的人，則把它視作促進國家利益，或人們實現崇高的政治理想的工具或團體。如十八世紀英國政治家勃克(Edmund Burke)界定政黨爲「按照彼此同意的原則，協力增進國家利益而聯合的一羣人❶。」這種過份理想化的定義，僅表示一些人理想的政黨（亦即在他們看來政黨應該是什麼，應該如何活動），而不是實際的政黨，這種定義對我們求取關於政黨的眞知並無幫助；另一些對政黨政治憎厭的人，則強調政黨促進黨員的私利，妨碍社會的團結，及鼓動紛爭。例如麥廸森(James Madison)認爲朋黨（他心目中一切政黨都是朋黨）爲「一羣因共同的利慾或感情而結集的公民，其利慾與感情不利於其他公民之權利，或妨害社會長期的或共同的利益❷。」他頗擔心這些朋黨對新生的美國共和政府會構成威脅，但又主張不宜壓制它們，而應讓它們發揮彼此制衡的作用。雖然他的消除朋黨之害的主張對政黨的自由發展頗有貢獻，但他對政黨的看法，則不免詆毁過苛，並不公允，然而，我們必須知道麥廸森的政黨觀，實代表他的時代許多人士共同的看法，即使在今天，持這種看法的人，仍然存在。

---

❶ Edmund Burke, "Thoughts on the Causes of Present Discontents," in *The Works of Edmund Burke* (London, 1861), Vol. 1, p. 530.

❷ 參閱 James Madison, *The Federalist Papers*, No. 10.

規範性的定義，也許可幫助我們了解政黨發展的歷史，以及在以往它如何被人估價，對於政治學的科學研究，這類定義，非但無益，而且相當有害，欲眞正瞭解政黨的性質，我們應對政黨作實徵的界說。

蘭尼與肯道爾（Austin Ranney and Willmoore Kendall）的定義爲：政黨是自主的有組織集團，它從事候選人的提名及競選，以期最後獲得並施行對政府的人事與政策之控制❸。這項定義強調政黨的兩項主要功能，此卽（一）從事候選人的提名與助選，及（二）組織政府。提名候選人及助選的目的是獲得政府中的決策權力，一旦獲得此權力後，政黨就從事政府的高層人事的安排，也卽組織政府，此一定義用來界定民主國家的政黨，頗爲適宜，但並不適合於獨裁國家的政黨，此因獨裁國家的執政黨其掌握政治權力，並不仰賴選舉，故而在這類國家，政黨的主要功能並不是從事選舉，雖然這也是其功能之一。

張伯斯（William N. Chambers）的界說強調政黨的組織層面；他說：「現代意義的政黨乃是具有相當的持久性的社會集合，它追求政府中的權力職位，顯現聯系政府的中心領袖與政治領域內（無論中央與地方）的大批跟隨者之組織結構，以產生共同的觀點或（至少）

---

❸ Austin Ranney and Willmoore Kendall, *Democracy and The American Party System* (New York, 1956), p. 85.

效忠的認同之符號❹ 。」此界說頗能顧及政黨的各種層面——組織、功能；其缺點爲過份強調政黨的「社會化」，誠然，有些政黨確實致力於培植黨員的「共同的觀點」，而另一些政黨則並不如此，它們無寧是一羣先有了「共同的觀點」（或者更確切地說法是共同的利益目標）的人的集合。

潘諾克與史密斯（Roland Pennock and David Smith）的定義相當簡單，他們認爲政黨爲「社會中大小利益集團的聯盟」。此定義指出民主社會政黨的另一主要功能：卽社會中各種利益的仲裁或整合（aggregation）， 但此一定義用來界定獨裁國家的政黨或民主國家的若干政黨如社會主義政黨，顯然是不正確的。

實徵的定義都顯示政黨具有若干特徵：（一）它是社會集團；（二）其主要功能是爭取並運用政治權力，以維持或增進參與者的共同利益或政治理想；（三）政黨基本上具有層級組織，但這一層級組織在黨內權力的分配方面有無眞正作用則隨政黨而不同。

（二）**政黨的類型**：政黨的分類方式甚多，完全看以何種角度作爲分類的標準。德國學者韋伯（Max Weber）曾經指出現代政黨係基於「自由吸收黨員」的原則建立的，卽它容許任何人參加。韋伯藉此

---

❹ William N. Chambers, "Party Development and The American Mainstream," in William N. Chambers and Walter D. Burnham, ed., *The American Party Systems: Stages of Political Development* (New York, 1967), p. 5.

把它與十八世紀前的貴族朋黨加以區別。然而，事實上，今天有許多政黨並不允許人人參加，如共產黨就是一例。在共產黨執政的國家，許多人願意參加該黨，因爲這是進入領導階層的唯一途徑，但共產黨對申請入黨者要嚴格審核，只有其家庭成份思想合格者，才准參加；事實上，只有憲政民主制下的自由主義政黨，尤其是中產階級政黨，自由吸收黨員的原則才獲貫徹。

　　法國學者杜佛傑（ Maurice Duverger ）曾經根據政黨的組織方式及相關特徵作了數項分類❺：（甲）自權力來源區分：有些政黨的權力核心在政黨內部，亦卽黨在國會中的領導中心；另有些政黨的權力來自其他的社會組織，如英國工黨爲產業職工會與費邊社會主義者的會社聯合組成，其權力並非發源於黨本身；（乙）自吸收黨員根據的原則分爲幹部黨與羣衆黨：歐洲大陸如法義等國的自由主義政黨多半是幹部黨（cadre party），此類政黨不在乎黨員的人數，平日僅有極少數積極份子在處理黨務，除了國會內同黨議員間的聯繫外，黨的活動幾乎不存，僅有在競選時才有較多的人員組織一較大的競選組織爲黨籍候選人服務。這類政黨組織鬆散，並無「主義」，僅有若干政治原則，如珍視個人自由等，其基本目標爲競選公職，一方面在阻止較激進的政黨贏取數目龐大的席次，另方面在使自己的候選人當選，

---

❺　Maurice Duverger, *Political Parties: Their Organization and Acticity in the Modern State* (London, 1954).

以增加「維持現狀」的力量。基督教民主黨與社會主義政黨多為羣衆黨 (mass party)，它們在羣衆中吸收黨員，入黨者皆納入組織，黨紀的寬嚴雖不相等，但黨員對組織多多少少有某些義務如繳納黨費等，黨並維持經常性組織一方面在必要時動員黨員，另方面給予黨員某種程度的政治教育。在十九世紀末二十世紀初歐洲大陸國家的社會主義政黨組織都比較嚴密，如德國社會民主黨的領導權力集中，曾是密契爾斯 (Roberto Michels) 建立寡頭鐵則 (iron law of oligarchy) 的依據❻。其時這些社會主義政黨提供其勞工階級黨員黨營的俱樂部，工餘學習場所、讀物……其目的在加強黨員間的聯繫，並使黨的影響能深入羣衆中，以其時的情況，這種作風對勞工階級與社會主義政黨的利益有其需要：其時勞工的選舉權仍未普及，勞工階級的政治知識貧乏，對自己的政治利益認識不足，而社會主義政黨則遭到中產階級的敵視，而其中激進派（較傾向於革命）則常有分裂之虞，第二次大戰後，在大多數歐陸國家社會民主黨已成為執政黨之一，其地位穩固，政治立場已趨溫和，其黨員的階級成份也變得更加多樣，勞工黨員的知識程度也已提高，因此，這些政黨的「階級性」已減低，黨紀較前寬鬆，其與中產階級政黨的區別較為減少。（丙）自黨員與組織的關係，又可分為直接與間接黨：直接黨乃是指黨員以個人身份直

---

❻ Roberto Michels, *Political Parties: A Sociological Study of The Oligarchical Tendency of Modern Democracy* (New York, 1959).

接入黨者，一般政黨均屬此類；但也有若干政黨，黨員是因其他組織的成員之身份而變成黨員的，譬如英國工黨在一九〇八年以前幾乎沒有個人黨員。工黨為英國產業職工會大會與若干費邊社會主義會社的聯合組織，其黨員都是以工會會員與費邊會社的社員身份間接入黨的。一九〇八年後，工黨雖已容許個人黨員，但大多數黨員仍是間接入黨的。根據慣例，英國產業職工會的會員只要不公開表示不願參加工黨，就成為工黨黨員，當保守黨於一九六〇年代初期成為國會多數黨時，曾通過一項法案，規定產業職工會會員必須公開表示其為政黨黨員，否則政黨不能視其為黨員，此法使工黨黨員人數較前減少，其後工黨成為國會多數黨後，又廢止該法。（丁）以黨的基層組織型態可分為幹部會 (caucus) 方式、支部 (branch) 方式、小組 (cell) 方式及行伍 (militia) 方式。自由主義政黨的基層組織為幹部會，此即少數基本觀點或利益相一致的士紳名流定期集會，商議公共事務，決定候選人等：社會黨的基層組織是支部，支部必須有經常性組織與負責人，一方面傳達上級指示，另方面反映普通黨員的意見；共產黨的基層組織為小組，小組與支部不同，在於每一小組的成員人數少於支部，往往不超過二三十名，小組由小組長與小組幹事負責，定期集會商談事務，並作思想檢討，舉行互相批評。行伍式為義大利法西斯黨的基層組織，代表墨索里尼的尚武精神，實際上組織不若共黨小組之嚴密。

研究政黨的另一著名學者紐曼（Sigmund Neumann）曾按政黨的功能，把其區分爲兩類：代表性政黨（parties of representation）與整合性政黨（parties of integration）❼，代表性政黨是指以代表社會中個別的利益爲主要功能的政黨；整合性政黨乃是以「整合」社會的各種利益爲職志的政黨，這類政黨常以代表國家或全民的共同利益自居，例如亞非若干新興國家的民族主義政黨均屬「整合」性政黨。

朋斯（James MacGregor Burns）則以政黨的基本目標把其區分爲追求社會結構的改變之政黨（transforming parties）與從事交易活動之政黨（transactional parties）❽，前者是不接受現狀的，雖然它們可在現狀中循規則行事，但其終極目的仍爲改變現狀；不少社會主義的政黨與共產黨均屬此類，然而，二十世紀中葉以後有些社會主義政黨已改變爲後者；後者接受現狀，並在現狀下與其他的政黨從事競爭與交易的活動，其與選民的交互作用也是一種交易。

另一種政黨的分類法與朋斯的大致相似，是按其基本的社會哲學區分的：它把政黨分爲現狀黨、自由主義政黨與激進黨。現狀黨大多是保守政黨，目的在保持國家政治、經濟、社會結構；自由主義政黨

---

❼ Sigmund Neumann, "Toward a Comparative Study of Political Parties," in Neumann, ed., *Modern Political Parties* (Chicago, 1956), pp. 295–321.

❽ James MacGregor Burns, *Leadership* (New York, 1978).

提倡各種程度的改革；激進黨則主張結構性的改變，其中有的贊成在適當時機採取革命手段，有的則提倡徹底而快速的改革，最「激烈」的自由主義政黨與最「溫和」的激進政黨的界限往往不明晰，這是這一分類的嚴重缺點之一。此外，我們必須指出所謂自由主義政黨也可能成為現狀黨或激進黨：在一個自由主義已獲「正統」或「主流」地位的國家如美國，它是現狀黨；而在有些傳統社會，它的主張也是相當激進的：共產黨一般人都以為是激進黨，其實，在共黨掌權的國家如蘇俄，它是現狀黨。尤其布里茲涅夫晚年時，蘇聯政治局為高齡黨政官僚組成，作風相當「保守」，而在若干拉丁美洲國家，共黨是激進的。

政黨分類也有按其對憲政制度的態度來決定的，可分為憲政的 (constitutional) 與非憲政 (non-constitutional) 政黨。例如歐洲的大多數自由主義與社會主義政黨都是憲政黨，因為它們都準備按憲政常規來從事競選，獲取政權；同時按照它們的政見，我們有理由相信它們在獲取政權後也會遵守憲政的體制；共產黨與昔日的法西斯政黨都非憲政黨，它們之接受憲政制度，按其規律行事，都是「權宜」之計，並非出於對憲政制度真正的信仰；當時機有利於其不按憲政常規取得政權時，它們會毫不猶豫地以非憲政的手段來達目的；一旦它們取得政權，現有的憲政體制就岌岌可危了。

以上各種分類法，雖然各有優點，但却不免偏狹，其分類標準僅

限於一隅，而且大多爲兩分法，而兩分法的最大缺點，卽把複雜的事
象過於簡化。

　　玆提出一較周遍的政黨方類方式如下（見表 11-1）

表 11-1　政黨分類表

極權羣衆黨 （例：共產黨） 英雄豪傑黨 （例：法西斯黨）	傳道黨——捐客黨 　　（例：美國民主黨）	遺老黨 　個人扈從黨 名流黨 聯盟黨

　　極權黨：共產黨與法西斯黨均爲極權黨，敍利亞與伊拉克的執政
黨巴斯黨（The Bath Party）也屬之，這些政黨的內部組織都乏民主
色彩，其目的在獲取政權後，消除其他政黨，建立一黨獨裁的政府，
極權黨的策略可能因時因地而異，在「革命」情勢尚未成熟時，也可
按民主政治的憲政常規行事，但其目的不致輕易改變。共產黨爲極權
羣衆黨，以「主義」爲號召，重視羣衆基礎與基層；法西斯黨的極權
的「英雄豪傑」黨（charismatic parties），以「領袖」的「神秘個
人品質」爲精神基礎，不甚重視黨員的人數，阿拉伯國家的巴斯黨與
阿根廷貝隆（Juan Peron）的政黨可說介於這兩者之間，它們都重視
羣衆，但都強調「領袖」的個人魅力。

　　傳道黨：昔日歐陸的天主教政黨與社會主義政黨，都重視原則，

並宣揚「主義」，為贏得選舉而犧牲原則則不屑為之。經過了相當時間後，有的傳道黨可能變質了，也關心在大選中獲勝，它們遂可能演變為掮客黨。

掮客黨：美國的兩大黨為掮客黨的良好代表，這類政黨雖然也標榜若干政治原則，但這些原則都是空洞而曖昧，可作各種不同的解釋，或為全社會大多數人都視為當然者，事實上，它們對這些「原則」不甚重視，其主要目的在贏取大選中的勝利，在多元社會，欲如此就必須組成一個容納許多利益的集團之聯盟。這一需要逼使政黨擔任「掮客」角色，周旋於大小利益之間，謀求妥協，使它們都去支持它。

遺老黨：歐洲大陸的若干國家如法國有若干小黨，為十九世紀「貴族」後裔或思想相當保守的士紳組成的小黨，若干極右派的政治勢力，如偏狹的民族主義者，都由其代表，有人認為這些政黨的存在，是這些國家現代化全國各地程度之不平衡，與少數守舊勢力未能轉化所致。

個人扈從黨：是某一個人利用時機的產物，若干「瞬息卽逝」的政黨（flash parties）均屬此類，這類政黨多半是單一政見（single issue）的政黨，多半是抗議性政黨（protest parties），它們的產生，往往是社會產生了某一政治問題，有一部份人甚為關心，但大黨及原有小黨均未能注意或處理，這引起這些人對大黨的失望，某位政治敏

感之人可能利用這一時機，號召這些人組成政黨，法國第四共和時代的普查德黨（The Poujade Party）與一九六〇年代美國種族隔離主義者華里斯（George Wallace）的美國獨立黨均屬之。這些以「個人」為中心的政黨，實力當然不足以在選舉中獲勝，但倘若其實力成長至某一程度，大黨就不能忽視其要求，一旦大黨重視其要求，這黨的壽命也就結束了。

名流黨：在歐陸國家如法國、荷蘭，都有這類政黨，法國第四共和時代哈里奧（Edouard Herriot）領導的激進社會黨（該黨名為激進），係由於十九世紀時，反對教會干政甚激烈，至二十世紀，其立場已甚保守，為一中間偏右政黨），該黨為地方名流的集合，缺乏固定政綱與組織，實質的實力是基於這些人士的個人聲望，團結的基礎是共同利益──自由主義的企業家利益。

聯盟黨（leagues）：組織鬆懈的政治聯盟，有時也以政黨之名出現於政治舞臺，往往為選舉而組成；在議會中，也以聯盟之名出現。聯盟中各份子關係良好，可演變為政黨，若否，則會分裂，故聯盟可視為一種「準政黨」。但「聯盟」與「同盟」（coalition）不同，在「同盟」之中，參加的政黨都保持其本身的身份與名稱，僅在競選中，作某種程度的「互惠」，同盟當然不能視為一種政黨。

貳　政黨的功能

政黨爲多重功能的組織，在政治體系中，扮演擧足輕重的地位。政黨的功能，在不同的政治體制下，可能有些不同，玆首先討論民主國家政黨的功能。

在民主國家，政黨的主要功能計有兩項：第一項是反映與滙集民意：反映民意的建制不限於政黨、利益團體與議會也履行反映民意的功能，然而，政黨反映民意與利益團體與議會的反映民意並不能同日而語。首先，在複雜的現代社會，民意並不單純，對同一政策問題，有多種民意，這許多民意，由利益團體，關心公共事務的個人反映，政黨則把若干種大同小異的民意，整合爲一，然後加以反映：議會之反映民意，實際是出於議會中的政黨，不同的政黨在議會中辯論，此爲反映民意的一種有效而引人注目的方式，然而，並非所有政黨均在議會中有席次，設有席次的較小政黨也反映社會中部份民意，第二項是行使政治領導的功能：政黨爲甄選政治人員，予以栽培，並助其當選公職的主要建制，當某一政黨贏取大選時，它就組織政府，這不僅是指它提供構成政府的人事，而且其政綱成爲政府施政的重要依據，它藉協調的方法與黨紀的作用，使政綱得以實施，以不負選民之託付，未能贏取大選的政黨，對政府的施政，加以批評與監督，以便累積「政治資本」，以便在日後的選擧中，取而代之。

在獨裁國家，尤其極權獨裁國家，政黨的功能是不同的；極權獨裁國家的執政黨往往是該國的唯一政黨，（有時也可能有少數其他小黨存在，如東德。但皆無任何影響力，而且其一切活動均受執政黨節制），它不必擔心落選，故反映與滙集民意往往不是其主要的功能，雖然這也是它的功能之一。在民主國家，政黨必須按照民意來制訂或改變其主要政策方向與政綱，故民意對政黨的行為有頗大的影響力；在極權獨裁國家，執政黨的主要政策方向與政綱的重大原則係意識型態與主要領袖對意識型態之詮釋所決定的，民意對之並不發生影響，民意之作用在於對政策之執行與對行政人員的作風可能產生糾正或限制。因此，在極權獨裁國家，執政黨雖也有反映民意的功能，但這顯然不是其主要功能。在其他類型的獨裁國家，政黨的民意功能比較重要，但也不能與民主國家的政黨相提並論。與其說反映民意，獨裁國家執政黨的主要功能無寧是塑造民意與導向民意，這也即政治社會化的功能。極權獨裁國家的執政黨都代表一種「意識型態」，黨員乃是接受這種意識型態的先知先覺人物，其「使命」之一便是教導人民也去接受這一「眞理」，如此整個國家與社會才能按其意識型態勾畫的藍圖重建，職是之故，極權獨裁國家的執政黨特別重視「宣傳」與政治教育，整個黨被組織起來灌輸人民「正確」的思想，而且，爲防止黨員墮落，對黨員的思想教育也不放鬆；其他類型的獨裁國家的執政黨，當然不若極權獨裁黨般重視意識型態的灌輸與薰陶，但也重視社

會化的功能，其政治教育的重心也許不是意識型態，但也必然強調該黨的貢獻， 與其獨力治國的必要性， 以強化人民對體制的認同與效忠；獨裁國家的執政黨當然也以組織政府為其核心的功能，但它與民主國家之政黨不同，組織政府的權利，民主國家的政黨必須在大選中與其他政黨競爭後取得，而它不必如此，只要使其控制的軍隊及其他力量保持對它的效忠與支持，而反對的力量不足以形成威脅時，它都可繼續維持統治。然而，就組織政府而論，無論民主國家的政黨與獨裁國家的執政黨，有一點是必須考慮的；此即它們都必須甄選適當的人才，不過，何類人才是其甄選的主要對象並不相同，在民主國家的政黨，擅長競選並且具有個人聲望足以贏取選票的人乃是爭取的主要對象，只要這些人大體上接受政黨的宗旨，他們就會被吸收；而極權國家的獨裁政黨則往往依據兩項主要標準來選拔與吸收人才：忠貞與辦事的能力，極權獨裁國家的執政黨要求其黨員之忠貞的程度甚高，不是民主國家一般政黨可以相比。這種高度的忠貞實包括對意識型態的堅定的信仰，對黨所代表的道德價值與追求的目標之毫無保留的接受。 當然， 事實上黨員是否皆具有這類高度的忠貞， 不無疑問， 但是，他們都必須隨時顯示如此，否則可能遭遇「整肅」。除了高度的忠貞外，極權國家的執政黨吸收黨員的另一標準是他們在其本行中的能力。由於這類政黨往往是整個社會的領導核心，它們都想把具有領導地位與才能的各方面人員容納入黨，此是為何蘇聯共產黨黨員中農

民與工人在全體勞動人民中的比例並不特別高，而該國的知識份子與行政人員，大多爲其黨員。儘管它自詡爲勞動者的政黨。在其他類型的獨裁國家中，執政黨吸收人才，也重視忠貞與個人才能兩項標準，但由於在這類社會，獨裁政黨的控制權力未必充份，它往往需與地方勢力妥協，如此，一些地方的「領袖」，如黑社會幫會領袖、地方派系領導份子……等，只要不與其公然爲敵，都可能被容納入內。

民主國家的政黨，也有不少以組織政府爲其主要功能的，這大多是一些小黨，當然，有些小黨仍期望將來變成舉足輕重的大黨，能參與組織政府：另有些小黨期望在聯合政府中扮演大黨夥伴的角色。但也有一些小黨，並不存有這種種期望，其主要功能純粹是傳播某種政治理想或主張，或是宣洩某種不滿，表達某種抗議，一旦這一有限的目標達成，這種小黨可能消聲匿跡，也可能容納入大黨之中。

叁　政黨的組織

關於政黨的組織，學者有不同的看法：有人認爲政黨都是名符其實的階層化組織，不論一個政黨如何標榜民主，或者如何矢志推進民主，其內部組織必然不可能是民主的：這種看法的典型可見之於瑞士學者密契爾斯（Roberto Michels）的「寡頭鐵則」（iron law of oligarchy）說。密契爾斯在研究德國的社會民主黨後，作結論說：任何人的組織，尤其是政黨，都是寡頭控制的，其所標榜之組織內民

主，都是粉飾而已；其所以如此，一方面是由於一般成員，對組織的
事務都不十分熱心，他們平日關心的都是自己的私事，在這種情形
下，他們不可能去眞正管理組織的事務，勢必把責任統統交託給積極
的份子；另方面這些積極份子專注於組織的事務，乃成爲專業人員或
具有專業才能者，這少數人在組織事務上必然具有重大的發言權，並
負責其日常活動之推展；因此，寡頭的控制組織，在密契爾斯眼中，
不僅是無可避免，而且是順理成章的。

　　假如我們考察政黨組織的實情，不難發現在表面上固然所有政黨
都是階層化組織的，但實際上則呈現相當巨大的差異：共產黨與法西
斯政黨都盡力維持嚴密的組織，黨的領袖猶如軍隊的最高指揮官，其
指示不容拂逆或責疑，倘黨內諸領導份子有路線之爭，多半會演變爲
清黨之舉，把不服黨魁的意見者清除（或新黨魁驅除舊黨魁及其主要
支持者），以維持黨組織的金字塔型態。一般自由主義或保守主義政
黨都不可能維持極權主義政黨的組織嚴密程度；然而，即使在這類政
黨中，其組織的嚴密度也各有不同：此程度的差異主要由黨內民主化
的程度與派系的形成兩者造成。

　　黨內民主化是自由主義政黨面臨的一項問題。在任何人數衆多的
政黨中，都有兩類黨員，一類是積極份子，其中包括黨工人員；另一
類是一般黨員；積極份子在提名候選人方面，發揮重要影響力；但當
其所提名之候選人爲一般黨員所普遍不滿時，黨員中必有人會提出增

進黨內民主化的要求，這種要求黨內的積極份子尤其黨工人員不能置之不理，但也會感到其隱含之意義爲對其已不信任與企圖削弱其權力，同時，積極份子也會擔心黨內民主化可能削弱黨的團結，如此，「黨內民主化」往往成爲黨的領導份子一項難題，然而，許多政黨確在這一要求的壓力下，改革其黨內建制與決策程序，使普通黨員在黨的事務與候選人提名上，增加了發言權與影響力。

自由主義政黨在組織方面面臨的另一項問題是派系的存在。當然，任何政黨都可能出現派系，共產黨與社會黨中派系現象的普遍與嚴重，有時不亞於自由主義政黨，但由於共產黨與社會黨都把黨內派系視爲嚴重的「毒瘤」，盡力處理此問題，尤其是共產黨，因此派系對黨內團結的長期影響，這些政黨不如自由主義政黨之嚴重。自由主義政黨在處理黨內派系問題上，有其不同的作風：有些政黨，完全承認並接受派系的存在爲其組織必然具有的特性，而試圖使派系的活動循某種規範運作，並賦予派系之關係某種建制化的型態，日本自由民主黨可作爲這類政黨的典型：日本自民黨中，主流派與其他反主流派的地位與身份是公開的，在黨內角色的分配與內閣成員的決定上，這些派系都會按其實力獲得一定程度的滿足，派系之爭往往表現於黨內主要領袖角色的推選上。另有些政黨，把派系的存在視爲不良但無可避免的現象，它們對派系的地位不願公開承認，但在黨內實際權力的分配上，仍然考慮派系因素[9]。

影響政黨組織的一項因素是高級黨務人員與從政黨員之關係。在共黨執政的國家，共黨組織為國家政務的中樞，黨的領袖為國家事實上的領袖，政府首長都接受其領導。在非共國家，兩者的關係則呈現不同的型態；在有些國家，政府領袖為執政黨的領袖，黨的名義上的首長實際上不過是政府領袖委派為其處理黨務——主要限於準備競選——的事務人員而已，如美國即為如此，總統為其黨的真正領袖，黨的全國委員會主席不過是總統的一個選務經理人而已；不論在共黨國家或諸如美國的型態，高級黨務人員與從政黨員的關係均不致成為影響政黨組織的重要因素；然而，在另一些非共國家，情形與美國並不相同：在法國、義大利等國，參加政府的政黨之高級領導人物，並不一定擔任政府職位，這些人士中，有的將擔任國會議員，也有的甚至不擔任議員，擔任政府職位者與不擔任政府職位者常因政策觀點不同發生爭執：雖然理論上黨的較高領導者應代表黨發言，但擔任重要政府公職者則可能具有較大的名望與較佳的發言機會，其意見往往受到較廣泛的注意。這兩種人士的適當關係，遂成為政黨組織的一項課題。

---

❾ 關於政黨之派系問題，參閱 Frank P. Belloni and Dennis C. Beller, eds., *Faction Politics: Political Parties and Factionalism in Comparative Perspective* (Santa Barbara, Califorima and Oxford, England. (1978)).

肆 政黨的紀律

政黨的組織與紀律是不可分的：組織之能夠發揮眞實的作用：集中人力物力以達成共同目標，依賴紀律。政黨之紀律寬嚴差異甚大，而其能否有效貫徹，也有相當大的差別，大體而言，極權主義的政黨如共黨與法西斯政黨，黨紀的要求最爲嚴格：黨員不僅需要履行其各種義務，諸如繳納黨費、出席小組會議及其他各類會議、履行黨交付的任務，而且必須在思想與言行上服膺黨的主義與立場，檢討自己的錯誤⋯⋯等，否則就可能受到種種懲戒，包括開除黨籍：在共黨或法西斯政黨主政的國家，爲執政黨開除黨籍的後果甚爲嚴重；不僅表示無法成爲精英的一份子，獲得或保持較有前途的職位，甚至可能被認爲政治上的不可靠份子，而被別人懷疑，或使他們不敢接近，致陷於社交方面的孤立。在共黨或法西斯黨派執政的國家，由於執政黨掌握政治、軍事⋯⋯等各種權力，爲社會價値的唯一分配者，其紀律自然較易貫徹，除非其黨的高級領導者爆發嚴重的派系之爭，其黨紀往往相當良好。

在自由主義與民主社會主義的政黨中，黨紀的維護就各不相同了。首先，一般自由主義與民主社會主義政黨對黨紀的要求與共黨及法西斯政黨是不一樣的；自由主義與民主社會主義政黨對普通黨員根本無所謂黨紀之約束，只要他們選舉時支持黨的候選人就算盡了黨員

之「義務」，就若干政黨而言，黨部根本不清楚其黨員人數多少或那些人爲黨員，因此，黨員如不投黨的候選人，也談不上違背「義務」，對於黨的公職候選人及以黨的名義當選的人，當然有某些黨紀的約束。大體而言，黨紀僅在兩種情形下可能被使用：其一是違紀競選，也卽未獲黨之提名而以黨的候選人名義競選，或爲敵黨的候選人助選，或努力使自己的黨之候選人落選；另一是議員拒絕支持或甚至反對黨的重要政綱或政策立場，而且這種態度表現於法案的投票上。對於有上列行爲的公職候選人、助選的人員或議員，黨紀制裁最多僅限於拒絕支持其競選，或拒絕在其尋求連任時再予提名，一般而言，使用這種制裁方式的情況並不甚多，在大多數情形下，都以申誡或黨部與違紀者妥協了事。嚴格的黨紀制裁能否被有效採取，視選民的投票趨向、黨及其領袖的聲望、違紀者本身的政治實力等因素而定。譬如英國的選民頗多是按黨籍取向投票的，因此，黨紀制裁較能有效貫徹；美國選民則不然，黨紀就較難有效貫徹了：卽使在英國，黨及其領袖聲望高時，黨紀才能很有效的貫徹，我們試以工黨的一些事例來加以說明：第二次世界大戰後，英國工黨內部發生嚴重爭執，對艾德里首相的政策批評最烈的工黨籍國會議員之一是齊里亞庫（K. Zilliacus），當其選區工黨組織決定提名他爭取連任時，工黨的全國行政委員會——成員包括首相、十二位勞工領袖、六位內閣大臣及一些其他的份子——拒絕核准，但選區工黨不接受中央決定。當齊里亞

庫以極為左傾的政見出馬競選時，行政委員會把他開除黨籍，其選區
工黨組織不服，把該案提交全國代表大會裁決，工黨全國代表大會
投票時決定支持中央，這位違紀候選人遂以獨立派人士競選，工黨
提出的黨籍候選人擊敗了他，這事說明黨的領袖的聲望亦為黨紀能否
貫徹的決定因素之一；倘若我們把這案與一九八○年代初工黨在福脫
（Michael Foot）領導下的情形相較，就更可明瞭黨的領導份子的聲
望對黨紀的維持之重要性。福脫不是一位極孚衆望的領袖，當他當選
工黨黨魁時，工黨正面臨頗嚴重的路線危機；一方面激進的左傾路線
可能得不到日趨保守的若干產業工會的支持，而較溫和的政綱則會使
靑年支持者失望，福脫的激進立場，逼使若干資深領袖脫黨，另組社
會民主黨，在這種分裂現象發生時，也有不少工黨政治人物採一種騎
牆的姿態，於不少問題上，與中央領導層表示不盡一致的意見，福脫
感到自己聲望之不足，並恐社會民主黨勢力之擴大，對這些意見只得
隱忍，並不運用黨紀，一九八三年的大選，工黨大敗後，福脫辭職，
工黨選出了一位四十一歲的新人金諾克（Neil Kinnock）出任黨魁，
似乎表示將以嶄新的姿態重整旗鼓。

　　一般而言，極權主義政黨黨紀可能勝過民主社會主義與自由主義
政黨，是不足為奇的。一方面，極權主義政黨是把政黨當作一個創建
新的政治與社會秩序的鬥爭工具，當然對黨紀有較高的要求，為貫徹
黨紀，都花費頗多心血。其紀律委員會或類似組織，往往由有聲望的

領袖們組成，對違紀行為的處罰頗為嚴厲；在極權黨成為執政黨的國家，違紀者要付出極高的政治代價，黨紀的維持當然更有效；就是在極權黨並不是執政黨的社會，由於參加極權黨的人志願與黨外分隔。黨的生活遂形成一個次級文化的領域。這也有利於黨紀的維持。民主社會主義與自由主義政黨根本上僅僅自認為係代表社會上某種利益的人之政治組織，黨員的參加政黨或支持政黨（有些政黨根本無所謂「參加」）是志願的、維持或促進自己利益的行為，黨與黨員的關係乃是一種政治交易的關係（黨於競選勝利組織政府後，提供有利於黨員與支持者的政策，黨員與支持者助其當選）。因此，對普通黨員就無所謂黨紀，黨紀僅用來約束有意從政或已經從政的黨員，對於這些人，某種程度的黨紀是必要的，倘若完全沒有黨紀，執政黨的政綱（也即對選民開出的支票）就無法兌現——黨領袖們提出的法案在國會中可能得不到足夠的支持——而反對黨也可能由於若干議員支持政府而無法有效地「制衡」政府；然而，過份嚴格的黨紀則並不宜採取，其理由有二：第一是在當今的多元的工業社會，民意甚為複雜，不是任何政黨的綱領所能概括的。重要的民意必須在國會或其他議會中表達，因此，一位黨籍議員偶爾為表達此類民意，而不顧「黨意」，似乎難免，也為盡其職責所需，如對這類行為以過份嚴格的黨紀制裁，可能不利於民主政制在現代社會中之運作，也可能漸漸造成政黨與民意的「脫節」，而危及政黨的長期發展。第二是這類政黨都了解在現

代的多元民主國家，過份嚴格的黨紀制裁，對黨的力量之維持，並非必然有利的。當然，完全不運用黨紀，黨的力量會削弱，過份嚴格地使用黨紀，也會削弱黨的力量，此因不少有力的政治人物，其影響力的基礎並不主要來自黨的支持，而係自己栽培，或來自家族、派系……等，黨如對他們實施過份嚴格的制裁，他們可能脫黨，脫黨後，有些個人政治前途也許不受任何影響；有些即是受了影響，也會對其所屬政黨構成損失，落得兩敗俱傷的下場。由於黨紀制裁有時不能不用，但又不能使用過份，溫和的使用未必有任何制裁的實效。許多民主政黨領袖對於黨紀制裁使用之問題，無不感到頭痛，對此問題，他們一般都盡量避免其發生，欲達此目的，他們往往提供從政黨員充分表達意見的溝通途徑，採取可能引起爭執的重大政策或立場前，使其所代表的民意能夠表達；而且，除了少數重要性甚大的課題，黨的立場必須維護，在其他課題上，即使不支持黨的立場，只要理由充份，也可避免黨紀的制裁：倘若黨紀制裁難以避免的情勢已發生，他們也會按違紀者的個人政治實力，黨的民意支持程度。違紀行為的性質可能後果等準則來審慎考慮制裁的方法與程度。

伍　政黨與社會的關係

政黨與社會的關係，可從三個角度來探討：政黨與民間的關係，其與議會的關係，及其與行政機關的關係。這種種關係。當然又按政

黨的性質，政治體制的類型及其他種種因素（諸如政黨是在朝抑或在野）而不同，甚爲複雜，在本節中，我們僅擬簡略地敍述：

一、與民間的關係：任何政黨都必須依賴人民的支持，才能存在，爲取得並保持這種支持，它必須反映人民的願望，促進人民的利益：欲反映人民願望，促進人民的利益。它必須設法探知這種願望及利益爲何。以上爲一個大原則，實際上，所謂人民並無一致的願望與利益，故政黨對於如何取得民意支持，實有不同的觀點與策略：一般整合的政黨（紐曼的說法），包括若干一黨制的亞洲新興國家的民族主義單一政黨與一些極權政黨都自認代表全民利益或理應重視的利益，故其宣傳上、政策上，都以全民或全社會爲目標，對於其實際上無法或不擬代表的民意，則採取抹殺或壓抑的策略。如此，政黨就不免運用執政者角色所擁有的公權力來否定受壓抑的民意，並藉國家的鎮壓力來維護其代表全民的說辭或迷思。當然，有些民族主義政黨可能在一項政策課題（即民族尊嚴的維持）上獲得廣泛民意支持。然而，由於一個社會不可能僅有一項重要的政策課題，故這類政黨往往是以國家公權力來維護其地位的；以代表性政黨而言，它們不認爲自己可以代表全民，也不敢否定自己無法或不曾代表的民意應有其他政黨來代表，因此，它們在維持與民間關係上的策略是三方面的。㈠加強與支持者的關係；㈡爭取可能的支持者及游離份子；㈢避免不必要的冒犯政黨的支持者。玆就此三項略加說明：㈠政黨的支持者由何決

定？在六〇年代以前，這是比較簡單的。六〇年代以後，雖略爲複雜，但仍然不難決定。任何政黨都代表某種利益——大多數是經濟利益，也有些是非經濟的利益；就歐洲的情形來說，十九世紀末至二十世紀初，羣衆性政黨（包括精英政黨有限度地擴充其「羣衆」基礎）之紛紛出現。它們都是爲了某種經濟階層的利益（如社會主義政黨爲勞工的利益等）或服膺某種信仰的人之利益（如荷蘭等國天主教徒的政黨係爲天主教徒之利益）而成立，由於此種淵源，自十九世紀末至本世紀六〇年代。歐洲政黨的支持者具有相當高的同質性，在宗教對政治影響較小的國家大多數政黨都代表某種階級或經濟階層，而在宗教較分歧而其影響政治較大的國家，則還加上一些支持者主要屬同一信仰（主要爲天主教）的政黨。一九六〇年代以後，由於中歐與西歐等國社經發展的結果，傳統的政黨與其支持者關係的型式已有一些改變：生活較優裕的勞工有的已改爲支持自由主義的政黨（如英國保守黨的支持者中，三分之一爲勞工階級），而白領階級的份子，因對其社會的不滿，支持左翼政黨的人數增加。不過，雖然有這些改變，迄今爲止，政黨與其支持者的類別仍大體維持固定的型式。由於此點，歐洲政黨的政綱往往比較明晰，它們必須明確宣示其維護與促進其傳統支持者的利益。唯有如此，它們才能維繫這種支持。然而，政綱固然明確，對於實際的政策課題，政黨在決定立場時，並不能純從政綱推演，它們必須隨時注意支持者的意見——這種意見並不是固定不變

的——。因此，它們必須與支持者維持密切的聯繫，並提供其表達意見的管道，大體來說，這種工作社會主義的政黨比較做得成功，因爲它們具有經常性的黨務組織，一般自由主義政黨僅從與積極份子的個人接觸中，探知民意。美國的社會，階級區分比較不顯著，而宗教對政治的影響甚微，其主要政黨不能僅依賴同質性高的支持者維持其實力，而必須把一些利益相當不一致的集團滙合爲一個「聯盟」，來支持它，才能在選戰中獲勝。因此，美國政黨的政綱不能顯示其係促進某一階級或階層的利益的；然而，儘管如此，共和、民主兩黨的基本支持者的性質仍有顯著的差異：共和黨的支持者多數爲西歐移民後裔，屬基督新教徒。收入較佳，職業多數爲白領或農民，係社會的守成份子。民主黨的支持者多數爲東歐、南歐及亞非、拉丁美洲移民，屬天主教、猶太教，經濟收入一般較差，職業頗多勞工，比較傾向於改革，並要求聯邦政府提供較多的服務。由於這一差異，美國兩黨的政綱，雖然不像歐洲政黨般標榜其「階級」或「階層」立場，仍然有其差異。

　　㈡代表性政黨雖然全力維持其傳統支持者，但也必須爭取可能的支持者及游離份子：政黨僅藉維持其傳統的支持者之策略，無法長久保持實力。這是因爲一方面社經變遷的結果，使傳統支持者在全國人口中之比例可能改變，譬如英國自由黨在二十世紀初葉，仍爲該國兩大黨之一。可是由於英國快速的工業化使勞工人數大增，一旦勞工普

遍獲得選舉權，代表勞工的工黨就取代了自由黨的地位；另方面傳統支持者可能大批背棄其原來支持的政黨：這種現象的發生主要是由於兩個原因，(1) 傳統支持者生活情況的改善或轉劣，譬如二十世紀中葉後，在若干西方國家，產業工人大批背棄社會主義政黨，改投自由主義或保守政黨者，所在都有，其基本理由為其經濟情況改善，使其自覺已與其他勞工不同，而與中產階級增加認同；而且，由於部份傳統支持者生活型態的改變，使其與其他支持者間差距增加。利益不一致的情形加深，因而就不易維持對同一政黨的支持。譬如一九六〇年代後美國不少白人勞工與黑人勞工的利益差距增加。並因而反對民主黨若干支持黑人民權的政策，結果轉而放棄對民主黨的支持。(2) 一個大黨不可能僅對一種問題——經濟或政教關係——具有立場，它必須對社會上一切重大問題採取一項立場，而在今日社會，重大的社會問題甚多，政黨在對這眾多問題採取立場時，就不免失去傳統的支持者。譬如若干英國的較年長的勞工，雖然支持工黨對經濟問題的立場，可是由於反對工黨的「英國應否參加歐洲共同市場」或「死刑存廢」等問題的立場，而在大選中放棄支持工黨。

由於政黨已不能很有效地依賴傳統支持者的支持。（這種困難將因現代社會的加速變遷而增加）。它們必須發掘並爭取潛在的支持者，尤其是年輕一代及游離份子。欲達此目的，它們無不努力於探測民意的趨向，設計前瞻性的政治綱領，並在宣傳與組織上保持相當程度的

彈性，歐美政黨領導階層快速的更新，可說是這種策略具體的反映。

㈢在十九世紀末至二十世紀初葉，歐美政黨都富於「鬥爭性」，二十世紀中葉後，此種「鬥爭性」已降低，「鬥爭性」是表現於對敵黨的言辭攻擊與對其立場之否定上，在階級區分明顯、利益尖銳對立的社會，「鬥爭性」在所難免，對黨本身也具有重要的功用：維持自身的團結與吸引認同者較強烈的支持。但在二十世紀中葉以後，歐美工業先進國家，階級的區分已不如以往強烈，利益的對立也較不尖銳，而且跨越「階級」或「階層」以表示其政治支持的選民已經大幅增加，一個政黨顯示過強的「鬥爭性」。不僅對自身無利可圖。而且會被認為不夠成熟，不夠「理性」。在這種情況下，除了大選的尖峯時期與國會中極關重大的爭執性問題辯論的決定關頭，「鬥爭性」的言詞是不常見的，避免這些言詞可避免不必要地刺激敵黨的支持者。並且為將來吸收這類人士中「變節」份子的支持。（在現代社會，這是大有可能的。）

民間對政黨的支持可分為（1）人員。（2）經費。（3）選票的提供。政黨的主要功能之一為甄拔政治領導人員，這些人是不斷地從民間去選拔，在民主國家的政黨，專職的黨工人員甚少，主要靠義務工作的積極份子參與推展各種活動，尤其在競選時為然，積極份子中之具有政治領導能力者往往被黨吸收為值得栽培與支持的人才。此外，政黨也從民間團體的領導人士中羅致對其基本綱領大體上認同者出任

其公職候選人， 一個政黨除非能不斷發掘、 栽培與提昇新的領導人才， 在一個變遷快速的現代社會， 是無法保存其在選民中的聲望。

(2) 經費： 政黨必須有充份的經費，才能展開各項活動。尤其競選，是耗資甚鉅的。 因此， 政黨對經費的籌措， 無不殫精竭慮； 大體說來， 代表性政黨的經費的主要來源爲 (a) 黨費： 民主國家的政黨。有的規定每一黨員必須定期繳納定額的黨費 。 黨費的金額甚小， 徵收的主要目的未必是解決黨的經濟問題，而是藉此強調黨員對黨的義務與效忠， 並作爲不同時期核算黨員人數的一種方法； (b) 捐贈： 民主國家的政黨都依賴各種捐贈。尤其以競選時爲然。競選時， 小戶捐贈不致引起嚴重問題，大戶捐贈則成爲衆所矚目的問題。因爲捐贈者的動機各不相同。有些純粹爲協助其黨的候選人當選，此外別無他求； 但也有的動機並不單純，希望獲得政治利益。此類捐贈足以使當選的政黨與政治家失去按良知與法規履行職責的「自由」， 遂成爲棘手的問題； 若干國家曾經試法立法限制大戶捐贈， 如美國的哈契法案 (Hatch Act)， 規定政治捐款（不論個人或團體）的數額。但此類法案效果不彰。另有些國家， 則規定由國家公款來支持政黨，使其減少對大戶捐款的依賴。但政府以公款支助政黨之舉，要獲得社會普遍支持， 承認政黨對國家作重大貢獻， 方可採行， 否則必會引起重大不滿。尤其那些支持在國會中無議席的政黨與政治上獨立派人士，對此更可能有異議。我國政治人物，感到競選費用過鉅，無力籌措，並感

到長此以往，「財閥」與「金牛」將成爲民意機關的主流人物，頗多
主張「公費選舉」者，然而，一般民衆對此議並不熱心，故未能成爲
政治上急待處理的課題。(c) 選票：民間對政黨的主要支持爲選票。
一個無法獲得選票的政黨，不論其主張何等崇高，領導者何等卓越，
也不能在政治上發揮作用，人民以選票支持政黨，正如提供其他各類
支持一樣，並非無條件的，其條件卽是民間對政黨的要求，民間對政
黨的要求也可分爲很多類，大體說來，支持者的性質不同，其要求自
然也不相同。民主國家公民對政黨的支持，按其程度差異，可分爲數
類：(1) 認同者：此輩在內心對某一政黨的好感超過對其他政黨，選
舉時會投它票，但不會以其他行動支持它；(2) 支助者：此輩對某一
政黨的認同較深於第 (1) 類，除投票支持它外，可能偶爾對它作某種
有限度的支助，如捐贈小額競選經費等；(3) 貢獻者：此輩對某一政
黨作定期的貢獻，如捐贈與助選，但並不熱心參加其活動；(4) 積極
者：此輩不僅對某一政黨作種種貢獻，而且經常參加其活動。這四種
支持者都希望其所支持的政黨一旦當選，會實行黨的政綱，或至少阻
止敵黨主張的實現，這種自然的要求，是他們一致的要求；此外，他
們也有個別的要求：認同者與支助者大體沒有什麼別類要求，但貢獻
者與積極者則要求頗多：有些人要求政黨的「 恩惠 」(patronage)。
「恩惠」乃是指政黨一旦當政後，提供其主要貢獻者與積極份子政治
性職位或經濟利益以爲酬庸；譬如一九六〇年代初葉甘廼廸總統在作

必要改革前，美國駐外大使有二分之一弱是一位新當選總統作爲酬庸提供競選經費的工商界人士的職位，職業外交官獲得這些職位的機率甚低；另有些人則要求對政策與施政措施的影響力。

二、與議會的關係：在許多民主國家，政黨活動的中心爲議會，黨在議會中的團結爲決定其政治影響力的因素之一。爲了加強對黨籍議員的約束，往往設有議會內的黨組織，以別於議會外的黨組織；議會內的黨組織包括全體黨籍議員。在其領袖與助理領袖〔即所謂議鞭 (Whips)〕的指揮，督促。協調與說服下，在議事問題上採取較一致的黨的立場。除了議會的黨領袖與議鞭，議會中各黨還設有政策委員會，商討議事爭執中黨的政策與策略。議會中各常設委員會中，每黨分配與其在整個議會中之比例相等的名額；黨籍議員分配至常設委員會的決定，通常也由議會內的黨組織爲之。

在議案論辯過程中，敵對政黨的領袖也常常會商，以便商定論辯的若干基本準則，使議事之爭能在較具建設性的情況下進行。雖然在一些歧見較深的問題上，議事僵局有時難免。但政黨的統一指揮與運用，有時確實有助於重大議案的適當考慮，及瑣碎議案的排除。

議會內黨組織與議會外黨組織的關係，對議會政治的運作，關係頗爲重大。在若干國家如英國，議會內的黨組織影響力甚大，受議會外組織的牽制較小，但在另一些國家如義大利與第四共和時期的法國，議會內黨組織就不免常受議會外黨組織的牽制，尤以左翼政黨爲

然。

三、與行政機關的關係（在較不民主的國家，議會的地位遠遜於行政機關，行政部門的首長不僅為主要政策的來源，議會幾乎成為「橡皮章」（Rubber Stamp），其工作僅為毫不考慮地「核准」行政部門的一切政策提案，而且議會的民間聲望也遠低於行政機關；行政機關凌駕議會的地位之維持，主要是由於行政首長本身往往為政黨的實際領導者）；在一般民主國家，政黨與行政機關的關係，是按其為執政黨抑或反對黨而不同的。執政黨掌握政權，對行政機關具有巨大的影響力。在往昔，執政黨有權處理行政機關的一切人事，例如傑克遜當選美國總統時，把聯邦政府的一切官吏，統統改換成其同黨人充任，英國的作風也類似，至十九世紀末葉，才確立政黨政治不干涉事務性行政官員之任用的慣例，並成立一般行政官員須以專長（merit）取得職位。且不得以政黨政治理由辭職的立法。但在民主國家，仍有若干官職供執政黨支配，例如美國聯邦政府中，有二千餘政務官職位，由總統任命，反對黨在政府人事的任免上，影響力頗小。其對行政機關的影響，在於監督權的行使，議會中反對黨議員對此是不遺餘力的，因為暴露行政缺點，指出政府弊端是其積聚政治資本，以便日後爭取選戰勝利的良好方法。

第十二章 政 黨 制

　　政黨制限制了政黨活動的範圍、行動的方式，及在政治體系中扮演的角色。因此，討論政黨必須討論政黨制。

　　在本章中，我們擬對政黨制作一簡單的敍說與分析，本章共分政黨制的種類、不同政黨制的成因、不同政黨制對政治體系運作的影響。

壹　政黨制的種類

　　現在世上各國的政黨制，依其政黨的多寡與其他特性，可分爲多黨制、兩黨制與一黨制。玆分敍如下：

　　一、多黨制：在民主國家，政黨制主要有兩類，即多黨制與兩黨制。在標準的多黨制下，任何政黨均無法獲得過半數的選票，因此在國會中都無法掌握一半以上議席，多黨制國家，如義大利、以色列與第四共和時代的法國，其行政組織往往是內閣制，而且以聯合內閣（coalition cabinet）方式出現的，所謂聯合內閣是指閣員由兩個或

兩個以上政黨的黨員擔任。在多黨制的情形下，每一政黨對國家大政都表示一個較明確的立場。在一般情況下，這些立場可從極右（極端保守，甚至違反時代潮流）至極左（往往由共產黨代表），及許多位於兩者之間的立場，分別由自由主義政黨、社會主義政黨代表。我們平常所說的左右之分，往往僅是基於經濟政策的觀點，左派主張生產工具的公有化與國有化，對私人企業加以較多管制，右派則主張私人企業具有不容侵犯的神聖性，這種分法不免過份簡化，事實上，經濟觀點並非構成政黨分歧的唯一基礎，諸如政治、宗教、國家主義、地區利益及私人感情均可能成為政黨分歧的基礎，在一個分歧因素較多的國家，如法國與義大利，經濟利益一致的人，也可因宗教或其他方面的不同，而分屬不同的政黨。

二、**兩黨制**：兩黨制乃是指一個具有兩個主要政黨的政治體制，這兩黨之一往往在議會中佔據二分之一席次，兩黨的實力隨時間而互為消長，故始終保持「一黨在朝，一黨在野」的情況。任何兩黨制的國家，政黨的數目都不止兩個，但兩個主要政黨以外的小黨儘管參加競選，一般都不致影響兩黨的優勢地位❶。茲以英美為例說明：十九世紀末葉前，英國有兩大黨，即保守黨（由原來的 Tory 轉化）與自

---

❶ 在美國，兩大黨以外的諸小黨，在總統大選中，合計獲得的選票不會超過百分之八，在較低層次的公職的選舉中，除美國進步黨的 Robert La Follett 及美國獨立黨的 George Wallace 曾當選州長外，小黨也無斬獲：英國自由黨勢力較大，但也不足以對兩大黨構成威脅。

由黨（由原來的 Whig 轉化），兩黨輪流執政，至二十世紀，勞工階級普遍獲得投票權，工黨興起，至一九二〇年代工黨漸取代自由黨的地位，第二次世界大戰後，英國政局一直由保守黨與工黨輪流主政，自由黨雖仍有相當實力，但已不再成為執政的政黨了。美國共和民主兩黨輪流執政（指擔任總統）之局，始於南北戰爭以後，南北戰爭結束後共和黨佔較大優勢，至一八八五年克里夫蘭（Grover Cleveland）出任總統，才有一位民主黨人主政，其後共和黨的優勢仍然保持（雖然克里夫蘭於一八九三年又再度當選總統），直止威爾遜（Woodnow Wilson）於一九一三年出任總統，民主共和兩黨的大致相等的地位才漸漸確立，第一次大戰後，共和黨勢力又凌駕民主黨，羅斯福（Franklin D. Roosevelt）於一九三〇年代初葉的勝利帶來民主黨的長時期優勢，第二次大戰後，民主黨的勢力大體超過共和黨，雖然其間艾森豪、尼克森等共和黨人曾出任總統，但大多數時間內國會中的多數黨為民主黨，一九八〇年雷根當選總統前後，美國國內民情似又有改變，共和民主兩黨的實力又漸趨平衡，但這一情勢能否維持，殊屬逆料。無論如何，美國百餘年來政局係由此兩大黨輪替主持，則是毫無疑問的，該國的共產黨、自由黨、社會黨與禁酒黨……等確曾一再參加總統大選及議員選舉。但都不能引起民間較大重視，少數黨獲票未曾超過百分之八。一九二〇年代的威斯康辛州為基地的拉福萊（Robert LaFollet）的進步黨一度聲勢頗盛，但也不過控制中西部的

若干州政府，造成地方性優勢而已，至於一九六〇年代華理斯（George Wallace）在阿拉巴馬發動的獨立黨運動，則勢力更小，「風光」的時間更短，更不足道了。

一般教科書所載的兩黨制與多黨制之分，大體上是正確的。但有時情形稍爲複雜；例如西德，其兩大黨的社會民主黨與基督教民主聯盟（CDU——通稱基督教民主黨，實際上爲 CDP 與以巴伐利亞爲大本營的基督教社會聯盟 CSU 的聯合）。然而，這兩大黨主持的內閣中，往往有一較小的夥伴，即自由民主黨（FDP），這一小黨在議會中的席次雖微不足道，但由於其溫和的政治立場與兩大黨均可「聯合」，而任一大黨又無法獲得半數以上的席次，故此小黨往往可在內閣中獲得重要的職位。

日本也曾被人認作兩黨制國家，其保守的自由民主黨與溫和的社會黨爲兩個主要政黨，雖然共產黨與公明黨在議會中也佔若干席次。然而，日本的情形相當特殊，自由民主黨（一九五五年前爲自由與民主兩黨，該年合併）自戰後就一直執政，社會黨僅於一九四七年，與若干小黨合組聯合內閣，由片山哲出任首相，片山內閣壽命不滿一年，故日本政局基本上是一黨掌握的，此一政制在相當時間內也不會改變，難怪兩位學者曾戲稱日本的政黨制爲「一個半政黨制」。

三、一黨制：一黨制是今日世界上相當普遍的政黨制度，存在於共黨國家與大多數亞非與拉丁美洲開發中國家。關於一黨制的國家是

否必然為不民主的國家，論者的看法不一。首先，我們必須指出這問題其實有兩個層面，第一個層面是實徵的，卽今日的一黨制國家是否係不民主的； 第二個層面是理論上， 一黨制國家是否必然不可能民主，也卽競爭性的政黨制（以兩黨或多黨為代表）是否為民主政制的必要條件。關於這兩者，答案都不一。有一些學者認為墨西哥與非洲的少數國家，雖然實施一黨制，但大體上是民主的，其民主的程度也許比不上英美，但我們並不能說它們是不民主的國家[2]；因為在這些國家， 民意在政策決定與政府重要人事的安排上， 確實發揮相當作用，而民間的各種利益也都有表達的途徑。對這看法不同意的學者則認為這些國家的「政治競爭」的可能性及程度都是相當侷限的，儘管執政的政黨內，有種種制度的安排，容許競爭，但那些不接受執政黨的政策之基本原則的人，就不可能參與這種競爭，若說充份而平等的政治競爭，是民主政制運作的要件，則這些國家，最多只能說比其他的一黨制國家不民主的程度較少，但仍不能視作真正的民主國家。

　　就純粹理論的層面而論，認為一黨民主不可能的人指出充份而平等的政治競爭為民主政制運作的主要條件，在一黨制下，這條件根本

---

[2]　例如 Robert Scott 認為墨西哥在 Party of Revolutionary Institutions 一黨統治下， 是民主的 。見 Scott, "Political Parties and Policy-Making in Latin America," in Joseph La Palombara and Myron Weiner, eds., *Political Parties and Political Development*, (Princeton, 1966), pp. 201-216.

無法實現。因此，一黨民主是少數區域研究的專家的「幻想」；另一派人士則認爲以上這種偏執的看法實爲有限的政治經驗產生的誤解，他們指出一黨制其實可分爲若干種次型：除極權或獨裁的一黨制外，還有一黨爲主制與變體的一黨制等，玆分別說明如後：

㈠極權或獨裁的一黨制：極權或獨裁的一黨制的典型例子爲納粹、法西斯與共產國家的政黨制。在這些國家，執政黨（納粹、法西斯或共產黨）往往爲唯一的合法政黨，任何人企圖組織別的政黨或對這些政黨的權力加以挑釁，都會遭致鎮壓與迫害，這唯一的政黨爲整個社會唯一領導中心，控制政府與一切所謂民間團體、輿論與民意受其統制，必須仰賴其提供的管道，才能表達與傳播，否則可能視作「反革命」的宣傳，而受嚴酷的批判與鎮壓。

在極權的一黨制下，執政黨爲權力的來源，國家政策由黨的領導層決定，政府僅爲執行機構，政府的一切人事由其決定，行爲受其監督，所謂民間組織，不論其爲工會、職業團體、農會……等，都是黨主動組織的，實際上都是它的「傳訊道」（transmission belts）（史達林語），其存在的目的是把黨的領導層的旨意傳達給人民，並且協助領導層瞭解人民對政策的反應。

在極權國家，執政黨被認爲係「階級的先鋒」「民族的精粹」。故黨員的甄選非常嚴格，必須「階級成份」正確，或民族血統純粹，並對黨所持意識型態與政治理想服膺的人，才准加入；而且黨員一旦

入黨，必須通過思想與行爲嚴格的反覆考驗，才能免於定期淸黨中被除名的命運。理論上，黨員應爲民表率，對服務社會具犧牲奉獻的精神，一切艱苦的事務，不論其爲處女地之開發，抑或協助秋收，都要勇於參加，並且，有頗多的例行任務，如定期開會，協助政府宣導政令等。然而，實際上，不少黨員都成爲「特權階級」，獲得各種優待。其對社會之貢獻並不能與其享受之特權成正比。極權的一黨制外，還有一般獨裁體制下的一黨制，諸如佛朗哥時期的西班牙、貝隆時期的阿根廷，與當今非洲的馬利、幾內亞等，這些國家的法律規定僅允許一黨存在，執政黨在名義上雖爲國家的領導中心，但實際地位不如極權的一黨制下的執政黨，政府行政部門的首長往往與執政黨的領導層分庭抗禮，黨的功能在無形中削弱。黨員的甄選與訓練也不甚嚴格，一般公民皆可入黨，黨員並無固定的「義務」，也沒有太多「特權」，一個人如欲擔任重要政府公職，入黨對他可能有利，（但也不是一切高官皆是黨員），然而，倘若他缺乏其他個人條件，如家世、財富等，黨籍也就作用甚微了，而本身條件優渥之人，黨會千方百計邀其加入，由於黨的「意識型態」有名無實，黨內派系之爭甚爲普遍，黨的有限的團結往往藉黨魁的個人聲望，主要派系領袖們的妥協與權力慾的滿足等因素來維繫。

㈡一黨爲主制：若干亞非新興國家，都爲一黨爲主的體制，這些國家的法律並不禁止執政黨以外的政黨的存在，而且，小黨也確實存

在，但執政黨的政治權力獨佔地位並不受絲毫影響。執政黨的優勢的維持，除了運用行政權力以外，還有兩種原因：（1）執政黨在羣衆中擁有相當高的聲望，主要是由於它領導國家獨立。（2）這些國家的社會情況還無法使一個足以與執政黨抗衡的政黨建立，大凡一個強有力的政黨，一定要有充足的財力、人才與羣衆基礎，這些條件的存在，與社會發展有密切關係，有人認爲一個現代化程度不足的國家，是無法建立良好而持久的兩黨，甚至多黨制的。

㈢變體的一黨制：所謂變體的一黨制，是一種刻意設計的特殊的一黨制，使單一的執政黨，在某種程度內，發揮了多黨的作用，最典型的例子是墨西哥。墨西哥的執政黨——革命建制黨（Party of Revolutionary Institutions, PRI）雖然獨佔了一切政治職位，但黨的內部組織與運作是依據多元民主的原則建立的，各類利益都可在政黨的架構內公開競爭，政黨的公職候選人提名是按競爭的結果決定的。雖然墨西哥的制度曾引起該國若干人士的批評，認爲不是眞正的民主；但支持它的人也不少，有人認爲這一制度頗適合一個「共識」基礎較弱、社會分歧較多，而欲快速現代化的開發中國家的需要，也有些人甚至認爲這是在這類國家實行民主的有效方法，他們把墨西哥稱作「一黨民主」的國家。不過，近年來，墨西哥政治高層可觀的政治與行政的腐化，有人認爲顯示此種制度提供的制衡不足。

貳 不同政黨制的成因

不同的國家，爲何有不同的政黨制？一個具有一種政黨制的國家如何才能改變成爲具有另一種政黨制？這些問題，都甚重要，但政治學者至今仍未能找到圓滿的答案，我們僅能提出一些初步的看法，然而，這些看法可作爲探究這些問題的起點。

法國學者杜佛傑（Maurice Duverger）關於政黨制成因的「解釋」在政治學界頗負盛名。他的解釋甚爲簡單，他認爲一個國家政黨制的形成與其選舉制有關，諸如英美等國，採取單一選區制（single-member district electoral system），在一個選區內，僅有一名候選人當選，而且當選所需票數，只要超過其他候選人就可，不必達到全額的半數以上。這種制度對小黨甚爲不利，其候選人甚難獲選，久而久之，小黨的一些核心份子必會因政治慾望的無法滿足而求去；反之，大黨的勢力會愈來愈鞏固；相反地，多黨制的存在，是採用比例代表選舉制（proportional representation electoral system）的必然結果。按照比例代表制，每一選區可選出若干名議員，而每一政黨獲選的議員的名額是按其所獲的選票在全數選票中之比例分配的，這種制度能鼓勵小黨的產生，並維持其存在，因爲任何小黨，只要能在選區中得到每一數額的選票，就必然可在議會中獲得若干席次，甚至一些獲票甚少，本身無法爭取到議席的小黨，也可掌握其選票，在大

黨間討價還價，討得一定的政治利益，而且又可期望在以後的選舉中獲得席次。政客們抱有「寧爲鷄頭，不爲牛尾」的心理，組織小黨或在小黨內扮演領導角色的興趣，自然不致減弱了。

杜佛傑的「理論」，許多人認爲是一個相當可靠的政黨制成因的「解釋」，不過，這「解釋」並不完全。例如比利時一向是一個採取比例代表選舉制的國家，它是多黨的，這似乎符合杜佛傑的說法，可是，比利時也在相當時間內，曾採用過單一選區制，然而，多黨的情形則絲毫未曾改變，由於此種事實，許多人認爲杜佛傑這種單一因素的解釋，不夠充份。選舉制對政黨制的形成可能有些影響，但並非唯一的決定因素。根據若干研究者的看法，一個國家形成某一種政黨制與其政黨興起的歷史背景，其社會與文化特徵及制度因素都有關，玆分述如下：

（一）**歷史背景**：一個國家的政黨在其憲政史上興起的時機與情況對其政黨制的形成，關係甚大，因爲人類的政治習慣改變甚慢，往昔的政治分歧往往並不因原因消失而立刻不現，而不同社會份子對分歧雙方的支持可能持續甚久，並傳遞後代。在英國，現代的政黨之爭出現在光榮革命的前後（一六八八），主要的爭執是議會權力與王權之爭，因此，政黨分爲王（court）黨與民（country）黨，以後演變爲杜里（tory）與輝格（whig）兩黨，成爲保守黨與自由黨的前身；於二十世紀初葉勞工運動興起後，自由黨的大黨地位爲代表勞工階級

的工黨所取代。王黨與民黨勢力涇渭分明，一直延續至自由黨的沒落。美國政黨的分野，淵源於一七八九年聯邦憲法批准之爭，一旦憲法獲得各州接受後，對其詮釋（聯邦政府的權限與州權之分割）之爭形成聯邦派與州權派之匹敵，此一分歧在南北戰爭前爲美國主要的兩元分界。

佛烈德里哈（Carl J. Friedrich）特別重視政黨興起於國會內與國會外，對其日後風格的影響，國會內興起的政黨——尤其是英國——成立較早，其合法地位早已建立，人民中政治意識新興或新獲選舉權的份子往往附麗於已存在的政黨，透過它們來達到自己的政治目標。而且，政黨也主動爭取新興集團的支持，並且把它們納入組織；如此，政黨培養了妥協的習慣，冲淡了意識型態的重要性；在歐洲大陸，「合法的政治反對」這一政治傳統奠立得較晚，大多數政黨都是在國會外組織的——往往由學生組織、哲學討論會、工會與農民合作社等演變成的。它們不能在國會中佔一席地，只得另謀發展。這種政黨常常表現「羣衆運動」的傾向，可能對議會採敵對態度，它們的妥協性較低，在這類政黨多的國家，多黨制較可能從議會內組織的政黨則常能對其黨員羣衆加上某種約束，使其立場不致過份激烈，其妥協性高，有利於政黨數目之減少。

以歷史淵源來解釋政黨制的形成，頗有價值。它能告訴我們不同政黨的社會支持力量，但其解釋力並不充份，因爲有些政黨能維持其

社會支持力量，有些則不能，多黨制國家的政黨都能堅強地維持其特有的支持力量，此即爲何其政黨制歷數世代而不變。

（二）**社會與文化影響**：在英美等國，社會不同集團間的「協和」（consensus）程度相當高，譬如英國歷史學家耐密（Sir Lewis Namier）就曾指出，英國選民雖然分屬不同的選區，但其政治想法往往是站在全國性立場的，此點特性對其政黨制的建立與維持，作用不容忽視，英國人所以如此，一方面是由於其社會和諧程度較高，另方面是政治文化使然 ❸。美國雖爲多元民族的國家，但它爲一移民社會，移民固然保留其本籍文化，但也盡力使自己溶入美國主流文化，而且，美國向來就有甚多全國性組織，如愛國者協會、工商業者聯誼會等，在相當程度內打破了州與州間，區域與區域間的隔閡，英美兩國這種深入民間的「國族」觀念頗有助於限制政黨數目。

此外，英美在完成「政教分離」一點上，較西歐大陸諸國順利而徹底，美國在聯邦憲法中明確標示「政教分離」，其後，宗教就不再嚴重影響政治，人們因宗教信仰引起的政治爭執幾乎不見；英國雖在早年提高國教的地位，並壓迫天主教徒，但至二十世紀初葉，政教已大體分離，人民不再因宗教信仰的歧異而發生政治爭執。

在歐洲大陸，政治社會的團結力（把不同階級、宗教、地區的人

---

❸ L. B. Namier, *The Structure of Politics at the Accession of George III* (London, 1929), Vol. I. pp. 190-191.

民在意識上納入同一政治社區）要薄弱得多，許多重疊的社會與文化的分歧都構成組織不同政黨的理由，而且，由此若干種分歧是情感性的，社會上各類人間互相溝通與容忍遂比較困難，其歷史上每一次重大的社會衝突與危機，都可能使政治社會的割裂情形加重，此亦使其易於建多黨制，而且一旦建立，不易改變；茲以法國爲例，略加說明：法國的中產階級與勞工階級歷史性的對立，使其不可能產生像美國民主黨一類的政黨（民主黨的支持者爲勞工與中產階級中的自由派），每一階級勢必有不同政黨，而中產階級的政黨，又因政教分離問題的爭執，不止一個。贊成教會干政（clericals）與反對教會干政者（anti clericals）水火不容，因此經濟利益相同的人，不能像英國般，同屬一黨。法國的社會黨與共產黨份子原來同屬社會民主黨，後來，由於對蘇俄布爾塞維克政權及第三國際的態度，及國內政治上的策略引起爭執，終於導致分裂，形成兩個政黨。

（三）**制度的因素**：國家制度的特性，對政黨制的形成與維護，也有其重要性。首先，政府的形式與傳統極爲重要。在美國，總統的職位與權力非常重要，任何政黨如不能有效地爭取此一職位，在政治上不可能擁有重大的影響力，而欲作到此點，它必須有把握爭取相當多選票及分佈全國各地區的大州之選舉人票，總統的職位是個人職位，因此爭取該職之爭爲「有與無」之爭，這個因素對於美國兩黨制的維持，影響至爲重大，否則，一九五〇、六〇年代南方民主黨人恐

怕早已脫離民主黨而另立門戶了；英國雖非總統制，但傳統上，內閣需集體負責，這對黨團結的維持，也有積極作用。

叁 政黨制對政治體系運作的影響

一國的政黨制對其政治體系的運作，具有無比重大的影響，在一黨制的國家，執政黨實爲政治權力的掌握者，國家大政的決策中心，與政治領導份子唯一的甄選、栽培與負責安置的機構。在極權的一黨國家，政府乃成爲一個聽命行事的執行機構；卽使在其他類型的一黨制國家，政府的地位也可能略遜於黨的領導機構；此因政府係分爲行政、立法……等不同部門者，而且需留意頗多庶政，而政黨的領導階層往往能透過其在行政、立法各部門的黨務人員及民間組織中的政黨核心，構成政治社會的神經，而且，其能集中注意於重大政策的擬定與探擇，不必費神於庶政的處理。然而，黨凌駕於政府的情形，也不是在一切一黨制國家都存在的事實，在若干一黨制國家，政府職位往往吸引黨的人才，結果黨的功能反而萎縮，幾乎有成爲「無黨」的局面， 這在非洲， 是相當普遍的。 在另一些一黨制國家， 黨的地位也可能與政府相等，此因高階層的黨務人員與高階層的政府首長互換頻繁，及把高階層政府官員納入黨的領導機構之結果。

在兩黨制國家， 黨的主要任務爲從事競選， 以取得政府的領導權，在黨紀較差的兩黨國家如美國名義上黨都提出一個政綱，供選民

選擇，但由於此一政綱並不依據黨的「主義」──事實上，黨往往沒有主義制訂，而係黨內各種利益與派系妥協的產物，在擬訂時，需考慮其欲爭取的各種利益，因此，政綱對於政府的約束力並不甚大，再說，政黨在選擇候選人時，主要考慮為其號召選民的能力，對於其「黨性」「黨齡」皆不重視，候選人能當選，固然要依賴黨的策劃與協助，但這往往不是主要理由：主要理由往往是個人的聲望與權力基礎，既然如此，他並不特別重視黨，在此情況下，黨在政治體系中扮演的角色，甚為有限，至多僅為提供政治競爭的一些符號，並代表某種政治意見的凝聚而已。在這種情形下，政府領袖（總統、州長與國會、州議會的主要議員）遂成為黨的領袖，黨的名義上領袖如全國代表大會主席不過是競選總幹事而已。在在野黨方面，黨的主要領袖往往是準備進入政府的，如可能擔任總統候選人的（美國），或影子內閣的成員（英國），雖然也可能有少數黨領導份子，不準備進入政府甚至國會，僅負責黨務工作，但人數頗多，而且其在黨中的地位，一般都較低。在黨紀比較良好的國家，如英國，在野黨確能提出一套代表整個黨的政綱，以別於執政黨的政綱，並能對執政黨的政策，提出代表整黨的批評與對應的政策；但在黨紀不良的國家，如美國，這都是不甚可能的，事實上，只有在總統大選時，兩黨才能提出多多少少代表黨的立場的「政綱」。但這些政綱往往不甚明確，至多僅能視為大政方向的指針而已。

在多黨制的國家，政黨對政治體系運作的影響，更難確定。參加聯合政府的政黨，在國會中支持政府政策，自然是其本份，但這項支持隨時可能被撤銷，此為何聯合政府往往不穩定，其生命一般均不甚長，政黨的支持政府政策，乃是由於數個執政黨妥協的成功，一旦妥協失敗，其中的一些執政黨立刻成為在野黨，聯合政府就垮臺了；而國會中，除了這些可能站在在野陣營者外，還有一些極右或極左的「永恒反對黨」，由於它們的基本立場，一般政黨甚難與它們組織聯合政府，它們遂成為長期的反對派。其對政府的立場一直都是批評與挑剔的，這些反對黨，有的有其頑固的主張，排他性強的政見，另有一些，並無固定政治見解，但由於代表某種政治體制不能輕易容納的勢力，也不能參加政府。

不論在兩黨制與多黨制的國家，都有一些無法獲得足夠選票以便在國會中取得席次的政黨，這些小黨的政治體系中的角色與地位，也不容忽視；其對政治體系的影響可從兩方面去探討：(1) 一些小黨可刺激大黨的改革；小黨刺激大黨改革是兩方面的，一方面小黨可能提供不少新的觀念與政策建議，大黨甚可能採取，譬如美國社會黨的一些觀念如累進所得稅制，提出後為民主黨採取，其後成為國家的政策；另方面小黨實力的增長，可使大黨覺察其所忽略的民意與支持力量的減弱，或本身的弱點或停滯不前；(2) 小黨的存在，使政黨制轉變的可能性一直維持，譬如英國，目前為保守、工黨兩大黨為主的兩

黨制，可是由於自由黨等較小政黨的實力持續不衰，英國一直都存在着演變爲多黨制的可能性，此亦爲政治學者往往不會忽略小黨的理由之一❹。

---

❹　參閱 N. Johnson, *In Search of English Constitution* (Oxford, 1976).

第十三章 利益團體

欲了解今日社會的政治過程及其運作，我們絕不能忽略利益團體；在多元民主國家如美國，利益團體扮演的角色之重要，是衆所共認、毋庸置疑的；就是在不民主的社會，如蘇聯，利益團體似乎也發生某種影響❶；由於利益團體的重要性，當代政治學者關於利益團體，壓力政治，立法遊說……的著作，不論是實徵的個案分析、比較研究，抑或理論性的，可說是汗牛充棟，其數量與關於政黨的文獻，幾已不相上下。然而，我國學者對這方面似乎不甚注意，如今，我國並無一本有系統的關於我國利益團體的學術專著。雖然利益政治在我國也已日益重要。

本章擬對利益團體與利益政治的性質與影響，作一番敍述、分析與評估。全章共分以下各節：利益團體之涵義、種類、活動方式、派系與準利益團體、利益政治的影響。

---

❶ 參閱 Gordon H. Skilling and Franklyn Griffiths, eds., *Interest Groups in Soviet Politics*, (Princeton, 1971).

壹　利益團體之涵義

　　無論爲解決衣食住行等基本需要，抑或達到更高的目標，人們必須互助合作，因而他們遂結成各種類型的團體。所謂團體，最簡單的意義乃是人的集合，大至國族，小至家庭，都是團體，但並非任何類人的集合都可稱爲團體，公共汽車上的一羣乘客，或電影院門口的一大羣等候入場的觀衆，不能稱爲團體，因爲他們缺乏某種成型的交往關係。

　　團體又可分爲同類團體（categorical groups）與志願團體（voluntary groups）兩種。前者的集合基礎是某種人們與生俱來的特徵，凡是具有相同特徵的人，均屬同一團體，如按種族則有種種國族，如按血統，則又組成各種家族等。志願團體乃是對某一事項具有共同看法的人士組成的團體，其成員的參加該團體，原則上是完全志願的（事實上，當然未必皆是如此）。志願團體，有些主要是政治性的，追求政治性目標，或從事某種政治活動。透過政治程序，以爭取利益的；有的主要目的並非政治性，或並不從事政治活動的，如各種交誼性社團；更有混雜的，其追求的目標有政治性，也有非政治性的。純粹非政治性的團體，如聯誼會等，不是我們所說的利益團體。凡是具有政治目的，從事政治活動，或透過政治程序以爭取團體及其成員利益的，不論其爲純粹政治性或混雜的，都可稱爲利益團體。在

英國人的著作中，往往使用壓力團體（pressure groups）一詞，其
涵義與利益團體相似，此因在現代民主國家，利益團體促進成員利益
的主要手段爲向政府（包括行政與立法各部門）施行壓力，然而，壓
力團體一詞，似乎不適宜用來指不民主的國家之利益團體，因爲在這
類國家，團體所施之壓力甚小，其主要功能似乎在向政府委婉地表示
成員的意見，以影響主要官員的看法，而便爭取成員的利益。

少數利益團體，崛起政治舞臺，在歐美民主先進國家，爲時已
久，大約在十八世紀末葉、十九世紀初葉，若干富商與富有地主就已
結合成團體，企圖影響英國巴力門議員，但大規模的「壓力政治」或
「利益政治」的活動，則出現較晚，大概在十九世紀末葉的美國，才
有這種政治活動。

貳　利益團體的種類

在民主先進國家，利益團體的種類極多，大多數利益團體關心的
乃是成員的經濟利益，也有少數致力於促進會員的非經濟性利益或社
會公益。就經濟利益團體而言，由於現代社會，履行同樣社會功能或
從事相同行業的人，其經濟利益大體頗爲一致，故不少這類團體都是
功能性組合，最具核心地位者勞工、農民與工商業者組成的團體；其
次各種專業人員的團體，這類團體的人數雖較少，但由於種種其他因
素，也有相當巨大的影響力。玆以美國爲例，略加敍說：美國最大的

利益團體爲勞工聯盟 (American Federation of Labor-Congress of Industrial Organizations, AFL-CIO),此一組織實爲若干從事各類工業的產業工人工會與少數白領工會（如紐約公立學校教師協會）的聯盟,利益並不完全一致,但大體上都是向雇主爭取較佳薪資與工作條件的,在政治態度上,該團體是支持民主黨的;美國農民組成的大型團體,共計三個,代表麥農、酪農及生產其他作物如玉米、煙草的農民,農民團體的利益雖不完全一致,但它們有一項共同的立場,即爭取政府對農民貼補金額之提高,並增加農業品外銷:企業者與商人的團體也不止一個,總商會 (American Chamber of Commerce) 爲全國各地商會的聯合會, 代表較小的商人之利益; 而生產者聯盟 (American Association of Manufacturers) 則代表較大的企業,企業者與商人,不論大小,有兩項共同利益,即防止勞工團體對政府發生過大的影響力, 以及減輕工商業者的稅負。 除了這些較大的團體,專業者的團體諸如律師公會 (American Bar Association),醫師公會 (American Medical Association)……等人數雖少,但也各具有可觀的影響力。美國醫師公會在延宕公設老人醫療保險一事上,表現了其頑強的鬥志,與可觀的實力。

除了經濟性的利益團體,還有非經濟性的利益團體:有的是爭取成員的某種非經濟的共同利益,也有的則爭取公共利益,例如民權的促進、環境的保護、禁止核試……等,形形色色,種類繁多。英國學

者稱這類以促進公益爲己任的利益團體爲 promotional groups，以別於一般 economic interest groups。

叄　利益團體的活動方式

在現代國家，利益團體的活動方式，大體上是相似的，雖然由於各國國情不同，環境各異，這種種方式的運用細節，及對某一方式的側重，可能不盡相同。

一般說來，利益團體活動的主要方式可歸納爲以下數種：

（一）**遊說** (lobbying)：在現代民主國家，遊說爲利益團體最重要、最直接的活動方式，所謂遊說，乃是指以種種方法——文字或言詞——向立法者與行政人員表達團體的意願與利益要求，以便影響其立法與行政的行爲。由於遊說的重要及其需要高度的技巧，西方國家已發展出專業的遊說人員，這些人員往往受雇於各種利益團體，在首都或其他重要地點如各州（省）的首府，負責與政治人員保持經常性的接觸，並對其經常遊說。這些專業的遊說者 (lobbyists)，都是熟悉政治程序，尤其國會議事法規與行政規則，對政治事務高度敏感，知曉政壇內情，又能言善道，長於交際，經常以某團體立法代表或公共關係主任等名義，活躍政界。

由於國會議員依賴選民投票支持而當選，又由於國會有責任隨時反映輿情，議員承受遊說者「壓力」也較大，遊說者對議員活動的主

要途徑爲：（1）利用國會聽證會期間，出席陳述意見，此爲最公開的途徑；（2）與議員私下接觸，表示見解；（3）發動團體成員，以書信與電話向議員表示意見；除了議員，遊說者也向行政人員表示意見，但由於行政人員受種種行政法規所限，而且必須以一種「中立」的態度處理問題，遊說者對其活動，必須十分愼重，以免弄巧成拙。

（二）宣傳：利益團體都知道在一個民智頗高的民主國家，徒憑遊說議員及行政人員，仍嫌不足，倘若社會輿論對其追求之目標不表同情，議員與行政官員決不敢冒天下之大不韙，來助其達到心願，因此，設法影響社會輿論，使其同情，或至少不反對其目標，也是利益團體活動的重要方式之一，這就要靠高明的宣傳或公共關係，通常這項工作都由團體雇用的，受過專門訓練的宣傳人員或公共關係專家擔任，在歐美民主國家，這類人經年累月，不斷地在爲其服務的團體工作，企圖以文詞、言辭、圖畫、廣告來影響社會對它的宗旨，或其追求的利益目標的同情與支持。

（三）助選：利益團體與政黨不同之處在於它並不推舉自己的公職候選人，但在助選方面，它往往不遺餘力，助選活動包括以經費來支援某一同情該團體或該團體參與甄選的公職候選人、動員團體成員投票支持及爲其義務宣傳等。對於政黨候選人的態度，種種團體都不相同，英國的產業職工會爲工黨的兩大支柱之一，而且積極參與工黨候選人的甄拔，它與工黨的關係極爲密切，一貫支持工黨，該國的企

業團體則一貫支持保守黨；在美國，各團體與政黨雖無任何結構上的
關係，但在重要的全國性選舉中，勞工團體幾乎毫無保留地支持民主
黨，而工商企業團體則一貫支持共和黨，然而，在較低層次的地方選
舉中，工會支持共和黨候選人的情形，也可能發生。

　　利益團體的活動，有時相當有效，確切維護與促進了成員的利
益，有時則徒勞無功。究竟什麼理由決定其成敗呢？大體來說，有幾
種不容忽視的理由：(1)團體人數：假如其他條件相等，一個人數多
的團體比一個人數少的團體之活動，要來得有效，道理甚爲明顯：
人數多的團體掌握的選票超過人數少的團體，而其財力也可能比較雄
厚，因而對政黨與公職候選人的捐款、對政治人員之遊說活動，與對
大眾的宣傳都能大規模展開：譬如美國勞工聯盟，有一千七百多萬成
員，遂成爲一股龐大的政治勢力；(2)會員的社會地位：有些團體，
人數雖不多，但由於會員具有較高的社會地位，其活動的有效性也未
必低於人數較多的團體，如醫生與律師組成的團體，尤其律師團體，
更由於政治人物頗多出身律師業者，而增加其運用影響力的機會；
(3)會員的團結性：有些團體，人數雖少，但由於會員團結力堅強，
影響力大增，相反地，有些會員人數甚大，但因組織鬆散，派系糾紛
迭起，其影響力往往不能與其人數成正比。由於團結力的重要，不少
團體都力圖加強，其使用的方法大約有兩項：首先，強化組織，使領
導的權力增加，因此，現代社會許多民間團體都類似官僚機關；其

次，教育會員，增加其對團體目標之認同感，與積極貢獻之決心。不過，這些增強團結力的方法，未必奏效，有時反而弄巧成拙，加速了團體的崩解或使內鬥加劇；（4）領導的才能與技巧：良好的領導者是團體維持內部團結，爭取社會同情的必要條件，假如一個團體的領導者能使成員感到公正、負責，其能力足以信託，則內部團結較能維繫；假如他能使社會大眾獲得良好印象，認為品格高尚，不致為追求團體私利而罔顧社會公益與規範，則團體目標較易達成。倨傲、無能、自私或品格不佳的領導者常導致團體分裂或成員熱忱的消散。近年來，美國少數工會的領袖與黑社會有關，對工會運動頗有損害；（5）遊說與其他活動的技術：就遊說而言，研究者認為遊說者必須首先獲得影響的門徑（access），倘若得不到門徑，則根本無法遊說，遑論有效與否了。獲得「門徑」，一方面固然必須依靠團體本身的實力與聲望，另方面則要憑藉遊說者的技術，一個團體如能獲得高明的遊說者能獲得影響大批政治人士的門徑，其活動就較有效；（6）團體的基本哲學與立場符合社會的主流思想或至少不過份違背此種思想，也是決定其活動的有效性之條件之一。例如美國禁酒協會，在十九世紀時，一度勢力甚大，現在已幾近沒落，因工業化、都市化加速發展後，美國人民道德觀念已有改變，鄉村清教觀念為主的倫理已為多元社會容忍異己、尊重私人決定的觀念替代，目前許多人也許仍不贊成酗酒，但反對政府使用公權力來管制或干涉人民的私生活。

肆　派系與其他準利益團體

　　除了正規的利益團體外，我們也不應忽視許多準利益團體，美國學者奧蒙 (Gabried Almond) 甚至把這些準利益團體也歸入利益團體，他的「利益團體」分類包括: (1) 組織的利益團體 (associational interest groups)，即通常所謂利益團體; (2) 機構的利益團體 (institutional interest groups)，指政府機關，雖然政府機關的功能是執行政務，但它們也從事「遊說」等活動，如美國國防部派有專人向國會議員活動，以爭取較多國防預算; (3) 非組織的利益團體 (nonassociational interest groups)，指非正規的人羣集合，如派系等; (4) 不軌的利益團體 (anomic interest groups) 如遊行隊伍，暴動時的自發性暴民羣，其存在的目的也是藉政治壓力以爭取利益❷。我們以爲奧蒙的分類與利益團體的傳統界說出入頗大，而且也未爲學術界普遍接受，故未加採用，而把其分類中的後三類統稱準利益團體 (quasi interest groups)。

　　政府機關的部份活動近似「利益團體」，在美國較爲明顯。此種活動的必要性與可能性，與美國的政治組織與傳統頗有關係。美國政治體系中，行政、立法、司法三權，及聯邦與州的都強調分權，政黨

---

❷　參閱 Gabried Almond and G. Bingham Powell, *Comparative Politics: A Developmental Approach* (Boston, 1966), p. 77.

紀律不佳，國會內各常設委員會主席或個別議員在不同的政策領域內各有頗大的權力，行政機關的首長必須藉其支持或協助，才能獲得其想要的預算金額，順利執行任務，否則困難重重。因此行政機關的首長必須與國會內某些議員保持良好的私人關係。又因美國聯邦憲法肯定「三權分立」原則，此等關係勢必以非正規方式維繫，此造成機關之準利益團體的活動。又美國政治傳統，標榜多元民主與議價妥協，政府行政程序也不免其影響，然而，為維持總統為一切行政事務的至高決策者的神話（myth），此種議價談判的程序必須在隱秘的情形下進行，此構成政府機關的準利益團體活動之可能性。其他民主國家雖然也或多或少具有這種政府機關扮演準利益團體角色的現象，但程度要輕微得多。

「非組織」準利益團體，各國均有之，但在正規利益團體不普遍的開發中國家，最為常見。這類準利益團體以各種不同的形式出現，若說某一國家中，以某種形式的團體最為活躍，這往往是其文化特性，社會結構與政治程序的性質使然。在形形色色的這類團體中，派系（faction）為最普遍而頗值得探討的❸。

所謂派系，可能是指政黨、利益團體、政府機關，甚至議會內部

---

❸ 參閱 Frank P. Belloni and Dennis C. Beller, eds., *Faction Politics: Political Parties and Factionalism in Comparative Perspective* (Santa Barbara, California and Oxford, England, 1978).

份成員的經常性的非正規集會，也可能是指地方政治上，以某一大家族或若干大家族為核心組成的經常性非正規集會，派系在正規利益團體不發達或政黨競爭難以充份發揮的開發中國家相當普遍。然而，政治學者一向對之頗為忽視，主要原因是傳統上派系被人認為缺乏正面的價值，其功能純屬負面的；其實，此一觀點，並不完全正確，派系的組成，的確純然以私利為出發點，往往缺少「意識型態」與共同政見的取向（也非完全沒有），但在政黨政治與利益團體政治不能充份發揮其作用的地區或國家，派系也能擔負其部份功能。派系的存在，似乎為人類社會普遍的現象，但在若干社會，派系較多，其在政治上扮演的角色較重要，而且派系的持續生存的能力較大，其原因可能是社會的，也可能是文化的，就社會因素而言，家族為主傳統社會助長派系的產生與發展；傳統社會人際關係重視層級，為派系發展的有利條件；就文化因素而言，傳統社會的若干價值，如重視個人效忠，「人情」為個人選擇的主要準則……等，也有利於派系的存續，這些因素，配合開發中國家政黨政治與利益團體政治不發達，自然促使派系在這類國家普遍與持久的存在。

　　在少數經濟已進入開發國家行列，而傳統政治文化影響仍然相當濃重的國家，派系仍然為政治舞臺上值得重視的組合，例如日本自民黨自第二次世界大戰結束後，就一直為執政黨（其間僅片山哲曾於一九四〇年代末期組成以社會黨為主的聯合政府，此一政府執政時間甚

短），該黨分成若干派系，所謂主流派指首相與支持他的主要領袖所率領之派系，如目前中曾根康弘派與田中角榮派的聯合，反主流派則爲當首相爭取自民黨總裁（爲出任首相之必要條件）時，拒絕支持該首相或自己亦盡力爭取該項職務者所率領的派系，如目前的福田派，派系的爭執，使自民黨不致淪入某一寡頭集團的控制，對其黨內民主有其積極貢獻，間接有利於日本的政治民主。對於一個政黨政治發展仍然爲時頗短，政黨競爭仍未充份的國家而言，類似日本自民黨內的派系結構，在促進民主政治方面，可說利多於弊。

另一種型式的派系存在於菲律賓等國的地方政治，這是一種垂直的兩人組織的型態。一個政治與社會地位低的人依附一個地位高的人，兩人間維持一種不成文的關係，地位低者允諾在選舉或其他情況下支持地位高者，而地位高者負責保護與增進地位低者的利益。這類兩人關係層層加高，把整個社會結成一個網。在非洲國家，這類準利益團體往往以部落爲中心形成，同一部落的人在政府行政機關或其他機構中形成一體；在印度，則按種性（caste）或出生地形成的分類團體，也往往扮演準利益團體的角色，我國的同鄉會偶爾也扮演這類角色。

不軌的準利益團體可分爲兩種：一種是組織嚴密的抗議團體（protest groups），它們的組織良好，其目的也是表達意見，並向政治決策者行使壓力以促進成員的利益，有時這類團體使用的手段往往

不合法或不合憲政常規，我們不能視其爲正規的利益團體，這類團體的存在，往往是由於其主張及利益太過違背社會的「主流」思想或權勢者的基本立場，以致以正規途徑活動，它們根本無法獲得重視，在不利的情勢下，它們不得不採取示威遊行，靜坐抗議，甚至暴動等策略來達到目的了。

另一種是自發性羣衆運動中形成的集團。大規模的自發性羣衆運動，都是由某種重大政治事件或危機引發的；有些羣衆運動是支持政府的（如第一次世界大戰前夕，德國柏林的羣衆大會支持政府對俄宣戰），有些是反外國的，如一九八〇年代日本修改教科書以推卸戰爭責任之舉，在亞洲各國引起的反日運動，但有些是反政府的，此種反政府的自發性羣衆運動，倘若規模龐大，可能顯示政府合法性降低或缺乏維護社會基本信任的能力，也可能成爲革命的前奏。

不軌的準利益團體的活動往往給予民主政府頗大的難題，部份原因是由於其使用的策略，常爲政府產生一個左右爲難的困境。倘若政府不理會其要求，就可能刺激其採取更激烈的行動，甚至讓其獲得更廣泛的同情；倘若理會其要求，無異承認違反憲政程序與規範之行爲也可達到目的，如此勢必鼓勵別人效法，政府的困難，在處理自發性羣衆運動時，更加嚴重，此因一方面不易找到談判的對手，其次爲其要求可能並不清晰界定，在這種情勢下，倘此一羣衆運動達到某種程度，政府就勢必在徹底讓步或大力鎮壓間作一選擇，頗難採取介於兩

者之間的解決方式，而這兩類手段的政治代價往往都相當巨大。

　　爲期減少不軌利益團體活動的危害性，民主國家的政治程序往往給予其他形式的利益政治充份的活動餘地，決策當局也盡可能注意利益團體所表達之各種民意要求。然而，在極大多數社會，不軌利益團體總會存在的，因爲任何社會，總有人對現狀極度不滿，或者感到其利益根本不可能在現有政治程序中獲得維護，這些人當中，有的缺少組織利益團體的能力或資財，就可能以不軌的方式，表達其利益要求。

伍　利益政治的影響

　　利益團體積極活躍於政治舞臺，構成政治程序重要的成份，高度影響政策制訂的過程，這種政治型態，爲利益政治；儘管朋脫萊（Arthur F. Bentley）等人把利益政治視爲任何現代國家政治過程的重心，實際上恐怕只有在美國這種權力比較分散的民主國家，利益政治才具有如此高度的重要性，但是，無可否認地，在絕大多數國家利益政治必然存在，也必然會影響政治程序與政府決策。

　　關於利益政治的影響，我們的討論分爲兩方面：一方面是實徵性的，另方面是規範性的。首先，我們似乎可以肯定在極大多數社會，都有利益團體與準利益團體的活動，決策者多多少少會對這些活動加以注意，並對形形色色的利益要求作各種程度的反應，利益團體對政

策制訂的影響，在不同的社會，都不相同，而且差異甚大。在美國這類多元民主，分權，政黨紀律不佳，工商高度發達的國家，利益團體當然甚具影響力；英國的民主程度不亞於美國，工商業也甚發達，但由於政治權力比較集中，政黨紀律良好，利益團體活動的空間就不如美國般廣濶。可是，由於英國較大的利益團體如產業職工會為工黨的「支柱」或「後臺老闆」之一，當工黨執政時，其影響力甚大，但我們也不能說工黨政府的一切政策都聽命於它。在法德義等國，利益集團對政治的影響就不如英美，儘管這些國家的政治制度都是民主的，但由於對參加利益團體的興趣較低，而且，在多黨的情形下，政黨與利益團體的功能相當重疊，此外，若干左翼政黨都組織其所指揮的利益團體，如社會黨指揮的工會，與共產黨指揮的工會……等，這些團體實為政黨的附屬組織，並不獨立地履行「利益表達」的功能。不屬政黨的利益團體大多實力較弱。不過，近年來，這些國家的「利益政治」已較前發達。

　　開發中國家的利益團體對政治的影響力，一般都甚小。然而，準利益團體如派系等，倘若其組成份子為有力人士，則影響力往往不容忽視。

　　極權國家與控制較嚴的威權獨裁國家，正規的利益團體自然無法存在，其所謂「民間」組織，其實均由執政黨組織與指揮，為其附屬

組織而已，但是，準利益團體也產生一些影響力。準利益團體中，比較值得注意的有兩類，一類是黨政官員的派系，另一爲次級精英如科技人員，工業經理人員形成的非正規結合。隨着工業化的增進，後者的影響力可望比以往增加，但其影響力對政策制訂恐仍缺乏決定性的作用，至多僅能促使領導份子修改某些決定而已。

其次，我們擬定「規範」的角度，討論利益政治對政治體系之影響。在民主國家，利益團體的存在，有其憲法的依據，因幾乎任何民主國家的憲法的規定人民有結社的自由，利益團體的組成與維持，爲此一憲法權利的行使，當然具有神聖不可侵犯的地位。關於利益政治對政治體系的利弊，則有三種看法：第一種看法認爲這是有利的。第二種看法認爲這是弊多利少的。第三種看法則以爲它有利也有弊，其利弊的大小，按個案而異，不可一概而論，玆就此三種看法，加以敍述與分析。

㈠有些學者認爲利益團體的活動，可提供立法與行政決策者必要的資訊與民情，以利其制訂符合民意，實際可行的政策，並且可補「區域代議」的不足。在資訊與民意的提供上，個別利益團體的提供者雖然不是客觀的，也不是全面性的，然而許多利益團體提供的併合起來就構成比較全面的情況，而決策者也可從各種不同的陳述中獲得較客觀的認識。就代議的功能而論，區域代議 (territorial representation) 是當今各國議會組成的原則——此即議員是由地理區域產

生的——這種方式產生的議員在代表地區利益方面，比較能稱職，但在代表功能或行業的利益上，較不理想。然而，在今日社會，功能與行業的利益（卽同一行業的人士的共同利益）與地區利益同樣重要，因此，「代議」理應包括兩者，利益團體的功能其實亦卽「功能代議」，可補議會的區域代議之不足的。

認爲利益團體對政治過程的運作有利的人士，並不否認利益團體追求者爲團體的私利，而有時對這些私利可能牴觸整個社會的公益。（當然，也有些人士認爲所謂公益實爲諸種團體競爭後妥協的結果，抽象的「公益」並不存在），但是，他們認爲由於團體與團體的互爭，及社會上潛在團體（potentical groups）出現的可能性，這種私利危害公益的情況實際上甚難發生。另一些人士認爲由於成員的重疊會藉身份的節制作用，過份執着於追求私利的團體可能因失去支持而沒落❹。

㈡對利益政治的活動持懷疑或否定態度的學者，則認爲利益團體的政治體系可能產生不利的影響。他們認爲利益團體以追求私利爲目的，其所提供給決策者的資訊皆爲一偏之見，會引導決策者誤入錯誤的方向，其反映民情也僅爲團體成員或甚至團體領導階層的意見，往往不符眞正民意。由於在任何社會，參加利益團體者都是少數人（卽

❹ 參閱 David Truman, *The Governmental Process* (New York, 1964).

使在美國，五分之三的公民也不參加任何利益團體），而且以中產階級份子參加較爲踴躍，一般貧民則甚少參加。利益團體的競爭，並不能維護不參加者的利益，所謂「潛在」利益團體，往往並不發生太大作用，因此，利益團體的政治往往損害衆多人民利益，而且由於利益團體的實力並不相等，利益團體的政治對強有力的團體之成員特別有利，他們的自私要求，卽使違背大多數人民的利益，也常獲得決策者的重視。

此外，利益團體的政治常常使決策程序過份「分割」，缺乏統一性，使決策者無法充分顧及整體目標，在利益團體過份活躍的國家，長期性的計畫不易訂定，決策者遷就現實，其政策眼光不免變得狹隘❺。

現代社會，有些利益團體成員甚多，內部組織嚴重的官僚化，團體領導階層權力甚大，並且不受外力的充份制衡（此與民主國家的民選政治官員不同），這些利益團體的領導人員與幹部，往往借團體之名以「自肥」，產生的社會影響殊爲惡劣，有時某些的領導份子與不肖政客勾結，竟至危害民主程序。

㈢一種持平的看法是利益政治對政治程序與體系的影響有其積極一面，但也有其消極一面，其利弊之平衡，視個別情況而異。大體說

---

❺ Mancur Olson, *The Rise and Decline of Nations: Economic Growth, Stagflation, and Social Regidities* (New Haven, 1982).

來，　倘若大多數團體較能遵守社會的倫理規範，　團體成員的知識較高，決策程序較爲公開，不同階層身份的人士，都參予組織團體的社會，利益政治的缺點較少。反之，利益政治就可能違反民主、公益與社會正義，利益團體就可能純粹是少數既得利益份子向政治人員傳達旨意的工具而已。

第十四章　民意與選舉

現在世上大多數國家，都定期舉行選舉，選舉已成為人民最普遍的政治參與之方式，尤其在民主國家，它被認為人民直接影響政府人事與政策的主要方法，代表民主理念具體的實踐，因此，具有無比的重要性；即使在獨裁國家，選舉也相當受人重視，這類國家的主要執政者雖然不致因選舉而更替，但次要的政府官員與政策則可能因其結果而改變，此因選舉所宣示的民意趨向即令獨裁者也不能完全忽略。

本章擬討論選舉的功能、主要選舉制度、投票行為與選舉成敗的評估。

壹　選舉制度的沿革

人類建立政治社會，面臨的一項重要課題，為領導人的產生。大體說來，產生的方式有三類：第一類為自行攫取，即某一人或某組人憑其某種優勢——體力、武力、巫術……等自行攫取領導權。在文明初啟的漁獵社會，或近世的極權獨裁社會，政治領導者往往由此法產

生，所謂「槍桿子裏出政權」，卽反映此種自行攫取的方式；第二類
爲已在位的領導者或領導羣選擇其他的領導者或領導羣：世襲君主國
家君主的繼位，卽由此方法演變而來，在盛行長子繼承（primogeni-
ture）的社會，君主必須列長子爲儲君；在不盛行長子繼承的社會，
君主有較大的選擇權，但在這類國家，不論君主選擇儲君實際的權力
多大，他仍須根據該社會文化所肯定領導者選擇的某些原則來從事；
現代社會，這種選擇方式——英文爲 cooptation——仍相當流行，
不僅存在於君主國新王的選擇，也存在於各種場合——公司董事會改
選新董事、蘇聯共黨政治局選拔新的委員等皆屬之。這種選擇方式有
時會被披上「民選」或「民意贊同」的外表，譬如蘇共的新任政治局
委員事實上都由原任委員決定，但形式上都經中央委員會票選，完成
例行手續；若干部落新酋長一經決定，部落民衆要例行性地大聲歡
呼，以示贊同該項選擇。第三類方式爲選舉：選舉的方式，早期曾被
若干宗教團體採用，如羅馬教會新教宗的產生，是由樞機主教團投票
決定；有些新教團體，如貴格教派，往往由同一教會的羣衆選舉其執
事，但作爲政治領導人員的甄拔方式，則須俟英國於十六世紀時舉行
巴力門議員的選舉，以後選舉方式爲其他國家紛紛採用。英國及其他
國家在本世紀初以前的選舉，限制頗多，這些限制，以後日漸減少。
如今，已大體符合全民選舉的原則。

　　大體說來，本世紀以前，僅少數西方國家以選舉來甄拔政治領導

者與民意代表（日本在明治維新後也以選舉來甄用國會議員，但由於合格選民甚少，而且執政的寡頭以種種方法來「保證」選舉結果，其選舉的「儀式」意義多於實質效果。此一情勢在二十世紀初葉，政黨興起後，才獲改善）。初期的選舉，選民甚少，由於教育程度、財產（必須有某些不動產，並繳納稅金）與性別（限男性）的限制，大多數人民都無選舉權，這種選舉對於民主政治，並無促進之功，充其量僅爲解決社會精英爭取公職可能造成的衝突之一種手段而已。

法國大革命後，革命政府對選舉權大爲擴充，除了所謂「反革命份子」與少數都市下層貧民外，公民們均被授予投票權，但一般民衆對投票極爲冷漠，絲毫不感興趣，而且選舉的技術欠佳，其對政治人員的甄拔，實際作用並不大。拿破崙三世後，選舉權又恢復嚴格限制。

美國乃是西方國家選舉權擴充最快，而效果較佳的國家。中西部與西部各州於十九世紀中葉後（其時多數西部地區仍處於建州過程），就紛紛解除教育程度與財產的限制，若干州甚至給予受過良好教育的婦女投票權。東部各州的教育與財產限制也紛紛降低。若干州，甚至給予新至移民投票權，不必受居留期間的限制。美國公民於二十世紀初，已擁有法律上平等的投票權，但在實質上，黑人的投票權常被限制，在若干州，甚至以州法加以剝奪，一九六〇年代的聯邦選舉權法案對黑人投票權的保障有相當貢獻。

英國投票權的擴充，經歷相當複雜的政治爭辯的過程，並與其社會的產業結構的改變，有密切關係；若干有遠見的政治領袖的倡導或贊助，也是造成選舉權擴充因素。一八三二年以前，英國僅有約百分之五的成年公民擁有投票權，一八三三年、一八六七年及一八八四年的三次改革法案把人數提高至成年國民的百分之二十八，但女性仍未獲投票權，一九一八年的改革法案取消任何財產限制，凡二十一歲以上之男性公民及三十歲以上，本身或其丈夫擁有年值五鎊以上的財產之婦女都獲得投票權。此一法案之通過，乃婦女界遊行示威，及第一次大戰期內婦女對國家貢獻的結果。一九二八年的改革，達成男女投票權方面完全平等，使投票人數增至成年公民的百分之九十六，至一九七〇年代，英國更將投票年齡的下限降至十八歲。如今，除貴族外，英國成年公民均已獲選舉下院議員的投票權，至於地方性選舉，則貴族也有選舉權。

歐陸各國投票權的擴大，較英美緩慢，至十九世紀末葉，成年男子的普遍投票權才在法國、義大利、瑞士……等國獲得鞏固，婦女們在第二次世界大戰後才在法國與瑞士獲得普遍的投票權。

亞非新興國家，於獨立後，就實行全民投票，此因二十世紀的民主潮流，已不容限制投票，而且，限制投票除了維護特權以外，對於政治品質的提昇，看不出積極的意義。

我國名義上自辛亥革命成功後，就成為民主共和國，實際上限於

種種因素，眞正以選舉來決定國家與地方的政治領導人物，是在民國三十五年行憲後，而選舉比較上軌道，具有實質的重要性，則爲近來三十餘年的臺灣地區。自民國三十九年起，臺灣地區定期舉行地方選舉，而自民國六十一年後，更舉行中央民意代表的增補選——產生了相當多優秀的政治領導人才，爲我國的民主憲政奠定基礎。

貳　選舉法規與制度

欲瞭解一個社會選舉的過程，並評估其成就，先要探討其選舉法規與制度。選舉爲政治權力分配的重要途徑，因此，在種種社會利益爭執的現代社會，其過程必然激烈，而且由於其結果足以嚴重影響利益的分配，容易演變爲鬥爭，除非有良好的法規與制度，使參選者都有公平的競爭機會，否則選舉可能成爲社會動亂的根源之一，如此，選舉的基本目的——選擇領導人員，非但不能達到，而且它本身就可能成爲引起社會分裂的因素。

在英美等國，並無單獨的選舉法規。英國關於選舉的規範，是散見於巴力門長期內通過的種種法規（這些法規大多不把選舉的技術性規定作爲其主要內容，但偶有涉及者）與人們的習慣之中；美國關於選舉的規定，由各州自行決定，聯邦憲法僅規定選舉人的一些消極資格（如最低年齡等），及特別強調選舉權不得因選舉人的種族，宗教與原來的國籍而受特別限制等。此外，一九六〇年代國會通過的民權

法案中，也對黑人的選舉權加以特別保障，但是，關於選務工作，則全由州法規定。

有單獨選舉法的主要國家計有西德與日本，這些國家在第二次大戰前，都曾受獨裁統治之蹂躪；其民主政治缺少堅實的傳統，為期建立良好的規範，都制定細密的政黨法與選舉法，以嚴格規範人民的投票行為並保障其權益，以便造成公平競爭的政治環境，進而使民主政治落實於國家的政治與文化傳統之中。

我國於民國六十九年制訂動員戡亂時期選舉罷免法，其後此法曾經數度修改，增列了限制競選經費及處罰賄選等條文，在終止動員戡亂時期後，改稱選舉罷免法。

選舉制度一詞，有廣義與狹義之分，廣義可指整個選舉過程的制度，狹義是指選區劃分的制度，吾人此處指狹義者。大體來說，選舉制度有兩類，第一類為單一選區複數制 (single-member district plurality electoral system) 為英美等國所通用；第二種比例代表制 (Proportional Representation Electoral System, PR)，為歐洲大陸的法、意等國所採用，西德聯邦下議院選舉則兼採兩者，其百分之六十議席由前者產生，百分之四十的議席由後者產生。所謂單一選區複數制是指一個選區僅能選出一名議員，當若干候選人爭取此一名額時，則由得票最高者當選，不論他所得之票是否超過選區投票數的半數，一種對此制略作改變的為單一選區多數制（single-member district majority electoral system)，　根據此制，　得票最高者所獲之票必須超過選區總投票數的二分之一以上時，才能當選。由於單一選區選舉制下，倘候選人超過三名或以上時，任一候選人不易獲得半數以上選票，實行單一選區多數制的國家，往往要在候選人無一獲得二分之一多數票的議員選舉後不久，　再舉行一次跟隨選舉（follow-up election），在這次選舉中，　只有上次選舉中得票最多的二人有資格參選，二人中得票超過二分之一以上者當選。所謂比例代表制乃是指在一選區內，　選出數名議員；　每屆選舉，　各政黨皆提出數名候選人，以序排列，選民按政黨投票。議席由各政黨以其得票的比例分配之，候選人以個人身份，不依政黨身份參選的國家，也有採用一個選區產生數名議員的選舉制者，但在這種情形下，當選與否是按各人獲票的數目，這與比例代表制仍有區別，這可說是一種變體的比例代表制。

　　此外，也有把整個行政轄區視為一個選區者，這是所謂囊括式選舉制（at-large electoral system），　如美國聯邦參議員，　每州產生二名，一般慣例，並不分選區，由全州選民選出參議員，由於參議員任期重疊，故每次選舉，僅一席為人角逐；也有些小國，把全國當作一個選區，同時間內選出若干名議員。如以色列就是如此。這種制度有助於使競選活動着重全國性政策課題之論辯。而減低地區性問題在選舉中的重要性。

選舉制的選用，對選舉的結果，政黨的行爲與政治過程都會有影響。採用單一選區複數制，有利於大黨，不利於小黨，早經杜佛傑指出，認爲係英美兩黨制的基本原因，杜氏此說容或稍嫌過份，但此種選舉制造成政黨獲票率與議席之不成比例，而使大黨佔盡便宜，則爲不爭之事實，在採取此種選舉制的國家，政黨不僅要努力於在社會上贏取支持，而且要盡量使其影響力擴及全國，否則必不能達到執政的目的，政黨的行爲如此，對國家的整合甚有益處，而且政黨也不致斤斤計較於偏狹的地方利益，對重要問題易採取全國性的立場。採取比例代表制的國家，小黨容易在議會獲取席次，因此政黨必然衆多，此對議會中民意的反映，自然有利，又由於議席之分配較能正確反映社會中政治意見的實情，議會可被認爲係社會更正確的縮影；然而，這種選舉制也可能使政治過程中割裂過甚，使強有力的政府之產生，發生困難。

第十五章　公共政策的制訂

　　公共政策的制訂之研究，以往一向是政治學者忽略的領域，雖然拉斯威爾早在一九五〇年代初期，就已指出發展政策科學的重要性，並要求政治學者重視這一領域，但是直至一九七〇年代初，研究公共政策卓然有成者大抵爲企業管理學者、社會學者，及少數觀念較新穎的行政學者、政治學者。忽視此一領域，一方面是由於政治行爲的探討獲得了衆多學者的特別重視，成爲「熱門」；另方面是決策的資料頗難獲致，尤其按科學方法論所設定的標準能爲嚴謹的研究者接受的「硬性資料」，幾乎無從取得。一九七〇年代以後，公共政策的制訂，成爲蓬勃發展的研究領域，並不意味前述限制因素已充分消失，而是由於兩項理由：第一、一九六〇年代中葉以後，人們開始日益認識欲適當使用稀有資源以解決人類社會的種種問題，各國政府的決策能力必須改進，唯有更合理更有效的決策，才能使人類的福祉獲得增進，或至少災禍得以減免。而改進決策能力，有賴於決策的科學研究與設計；第二、企業管理等學科的長足發展，及電腦等工具的普遍使

用，使愈來愈多的政治學者感到政策研究是可行的，而民主國家政府行動的公開化及人民知的權利的漸漸得到較高度尊重，及專家學者參與政府工作人數的增加，使資料的獲得與處理，不復成為一個難以克服的瓶頸。

公共政策制訂的研究，有兩個類型，第一類是建立模式。企圖為決策的程序規劃一個週遍的架構；另一類是決策程序的實徵研究。這兩類的研究，也有其關聯性，建立模式並不能全憑想像，必須要以實徵研究獲得的資料為基礎，而實徵研究，如以理論性的架構為引導，則較可能獲得深刻而饒有意義的發現，並有利於知識的系統化。

本章擬對政策制訂的模式與實徵研究的大體情況，作一描述與評估。

壹　公共政策的制訂

雖然政治學者近來才積極地研究公共政策，一般民眾對它的興趣往往超過政治的其他領域，因為政策對他們的利益具有直接的關係，但普通人對政策的興趣往往僅限於政策的結果，亦即實質的政策。對政策如何制訂的程序，則都不甚留意，他們的態度是只要政策的結果對自己有利，如何決定是政治家與政府官員的事，就是在民主國家，這種「不在其位，不謀其政」的態度也是普遍存在的。當然，在現代社會，一項政策的決定，不可能是一兩個人的事，稍重要的政策，參

與者往往不下數十人，但大多數參與決策程序的人，對這高度複雜的過程，也不甚瞭然，只有最高階層的極少數人，才能窺其全豹，而這些人士，往往因職責的關係，不能透露決策的經過，由於此種種因素，政策制訂的研究，相當困難。目前這類研究的成果仍不豐碩，至多只能說已有了一個差強人意的開端。

　　公共政策乃是指政府所制訂與執行的行動綱領。公共政策的執行，是爲了除弊，也是爲了興利，是爲了解決社會生活中發生的問題，也是爲了增進社會成員的福祉與利益。公共政策的產生，往往是由於人民的某種需要，無法以一己之力獲得滿足：當人民想要滿足某種需要時，他們會利用自己的力量或期待政府去設法，一國人民習慣上採取何種途徑──自力設法或政府的作爲──與其政治文化與歷史傳統有關；在某些社會，人民習慣上把政府的角色設想得相當有限，如十九世紀以前的美國，他們僅要求政府負起維護社會治安及提供若干根本服務如主要道路的修築，大多數的需要他們都會自行解決，或組織自治性的團體來協力處理；而在有些社會，人民對政府幾乎一無所求，而政府官員則自認爲人民的父母官，他們不僅應管理與監督人民的行爲，而且應主動考慮滿足人民的種種需要；在現代民主社會，政府官員固然被期待能主動地發掘人民的種種困難，設法滿足其已感受到但未清楚表示的需要，而且有責任注意民意的反應，人民及其代表也源源不絕地向政府行政官員傳達人民的要求。此外，現代福利國

家的觀念，深植人心，使不少人認定政府應在多方面滿足人民的需要，政府的角色於焉擴大，其職責增加，而決策的領域遂大為膨脹。

當許多人都感到某一需要，而且意識到政府對此一需要具有去滿足的義務時，人們就會提出，（當然，政府人員也可能預知而先行提出，以爭取人民的支持與好感，或避免危機的爆發），這就形成問題(issue)。這些問題受到政府當局（行政部門也好，立法部門也好）的注意，並獲得政府內相當多人或地位極高者的重視。就可能被作為公共政策的課題，處理該項問題的方針就會被制訂與執行，此卽公共政策。

公共政策制訂的程序，往往相當複雜，牽涉相當多的資力、時間及其他資源的投入與繁複多樣的互動關係，決策的主要責任往往由主要的政治官員（行政部門的首長與議員們）所承擔，因此，人們常誤會整個政策也是少數幾個人擬訂的。其實，整個決策過程中，高階層人士的參與往往相當有限，就例行性政策而言，僅屬象徵性的核可，對非例行性的政策而言，則屬終極的諸選項中擇一，這固然是決策過程中最重要的環節，但我們也不能據此認為在此以前的其他步驟不重要。

政策制訂的過程涉及問題的界定，相關資料的蒐集、分析與評估，政策目標的確立。各種可行方案的設計與評估（選項的釐定），及選項中選擇其一之決定等。在這整個過程中，普通稱為決策者的高

級人員的職責爲政策目標的確立與按選項擇一的決定。（在許多情形下，甚至目標的確立也不是他的工作，因國會或更高級的人員已作成此點），其他的各項工作往往是幕僚與較低級人員的任務。

　　公共政策可分爲例行性與非例行性的，政府日常處理的大多數政策其實都是例行性的，在這種政策的制訂過程中，高級政務官員的角色並不突出，因爲政府的行政程序就足以處理這類政策，但一般來說，高級政務官員仍需核准其採行，以便在根據其判斷某一政策不能按例執行時能裁決其修改或中止。非例行性政策的制訂，涉及資料的蒐集、分析與研判，及審愼的擬定選項與在多重選項中選擇其一。

　　有人認爲政策制訂過程又可劃分爲三個成份：卽心智過程、人際交付過程及準機械過程。所謂心智過程，乃是指在制訂政策的整個過程中，參與其事的人士運用心智，諸如界定問題，確立目標，蒐集與研析資料，釐定選項以致就選項中擇定政策的部份；所謂人際交付過程乃是指參與政策的人與單位交換意見，協調……等構成之部份；準機械過程在例行性政策的制訂過程中固然爲主要的構成部份，但卽使在非例行政策的制訂過程中，也不乏其例，此卽某一政府政策制訂固定的型式與習慣往往使其政策在限定的範圍內擬定，這些型式與習慣就像一套機械一般，產生限定的成品。

貳 政策制訂的理論模式

最近十餘年來，政策制訂的研究，有長足的進步，這種成就的獲致，除了實徵資料的獲得，較以往大為方便，其處理也因電腦的運用而快速、精確外，理論模式的建構也是重要原因之一。這些理論模式的建立，得力於企業管理與福利經濟學的發展，這也是相關學科影響政治學的一個顯例。我們試把若干著名的理論模式簡略介紹如后：

一、**理性模式與有限理性模式❶**：政治學與其他社會科學中，一個基本概念是「理性」，經濟學者假定經濟人的行為之至高準則為「理性」，這一觀念影響及其他社會科學的理論建構，此因經濟學的快速發展頗令其他社會科學者羨慕而思仿效，社會科學中所謂「理性」，與吾人日常使用此辭的涵義並不完全相同；它是指人皆能清楚認識行為的目標，並能按利弊釐定所有選項，然後根據「功利」(utility)——卽獲利減去成本的純利——的大小，選擇最佳的一項。理性模式不僅假定決策者的理性，而且假定他擁有按理性釐定目標，選項與就其擇一的一切資訊；並且有充裕的時間，完成一切程序。賽蒙（Herbert Simon）在匹茲堡地區對若干大公司的經理人員的決策行為所作的研究顯示政策制訂過程呈現的理性成份，有其限度。因任

---

❶ Herbert Simon, *Administrative Behavior*. 2nd ed. (New York, 1957).

何決策者能獲得的資訊，可支配的時間，及其在一定時間內所能理解與運用的資訊都是有限度的，因此，充份的理性在決策過程中並不存在，在決策過程中，呈現者爲有限理性（bounded nationality），理性模式假定政策制訂的目標在求取至高的效益（maximal utility）。有限理性模式則假定其目標爲差強人意的結果，亦卽大致上可以滿意的效益。

　　二、漸進模式（incrementalism model）❷：耶魯大學教授林勃龍（Charles Lindblom）曾提出所謂漸進累增的看法，認爲在政策制訂的過程中，決策者大多受以往的政策與決策的環境的限制，甚難突破，與其說決策是理性的行爲，倒不如說是承襲以往的傳統，其所作的變更往往幅度甚小。大多數決策不過是承繼以往的決策，並對應變遷的環境，作微小的修正以調適之而已，人類歷史上重大的人爲變動，實爲無數微小的變更產生的累積結果。林勃龍認爲激烈的求大幅改變的決策甚少，而且不易發生眞正的預期效果。

　　三、官僚議價模式（bureaucratic bargaining model）❸：哈佛大學教授艾里遜（Graham Allison）曾提出所謂官僚議價的政策制訂理論。他在研究甘迺廸政府處理古巴危機的決策過程後，指出在今日

---

❷ David Braybrooke and Charles E. Lindblom, *A Strategy of Decision* (New York, 1963).

❸ Graham T. Allison. *Essence of Decision: Explaining the Cuban Missile Crisis* (Boston, 1971).

複雜的行政體系中，政策制訂過程並不能理性化，此因參與政策制訂的機構甚多。而代表這些機構的參與者考慮的不僅該一政策本身，而且包括其機構的立場與利益，即使每一機構都是理性的，這許多機構爭執、妥協、討價還價的結果，政策就不再理性了。艾里遜認為政策制訂過程，實際上乃是這些機構討價還價過程，從這一「官僚議價」的角度來分析今日複雜社會的公共政策制訂，似乎更能盡其底蘊。

第十六章　公共政策之執行

　　一項政策，儘管經過慎密而適切的擬訂，倘若執行不良，社會與民眾恐無從獲得實益，甚至可能產生有害的副作用，因此，我們探討公共政策，不僅應注意其制訂，也須考慮其執行。

　　在本章中，我們探討的要點如下：第一節討論政策執行的人與機構，第二節分析政策執行的步驟，第三節檢討在當代社會政策執行涉及的重要問題。

壹　政策執行的人與機構

　　公共政策的執行機構為政府的公務機關，這些機關大多數屬於行政部門，但並不限於行政部門，在現代國家，這些機關的人員絕大多數是專業的文武官員，少數的機關首長可能是政治人員，在民主國家，這些政治人員是隨其政策在選舉中之成敗，或政府首長的個人信任進退的，而專業官員的職業則受「個人才能」制（merit system）的保障。所謂「個人才能」的原則，是建立近代專業公務人員制或官

僚制的核心。在近代國家出現前，甚至在其初期，公務人員的委任，根據的乃是個人酬庸或黨派酬庸之原則，個人酬庸是政治領導者以職位授與其家族、私人扈從、戚友，或者把職位定價出售。在十八世紀的英國，這種作風甚爲流行，當政黨政治初興之時，選舉中獲勝的政黨把原有公務人員悉數免職，並將本黨助選功臣盡行委派職位。美國聯邦政府在傑克遜 (Andrew Jackson) 當選總統時，經歷一大變革，卽是把以往藉私人酬庸等方式獲得職位的公務人員全部免職，並由支助傑克遜當選的人繼任，這開啓了政黨酬庸的序幕，私人酬庸與政黨酬庸方式任用公務人員有一共同點：卽是不顧被任用者的個人能力與對職位是否適任，任命者重視者是藉此鞏固其個人或黨派的政治權力基礎，並在政府中獲得忠貞的支持者，這種方式在一個公務並不需要高度專業知識與技能的時代，流弊不算過份嚴重，而在個人與黨派效忠對政府運作相當重要的情況下， 也是無可厚非的， 再說， 政黨酬庸對民主政制的建立也有某種程度的貢獻❶，故我們不能以今日的眼光， 對這類任用方式持徹底否定的態度，然而，隨着時代的演變，這種種任用公務人員的方式確實已弊端叢生，不能符合現代社會行政的需要。譬如，在英國，麥考雷 (William Babington Macaulay) 於十九世紀中葉卽已嚴詞抨擊這種方式任用的人員之素質低落，不堪任

---

❶ 此種酬庸制度對現代政黨的建立，厥功甚偉，而現代民主政制必須依賴現代政黨，這也許是酬庸制對民主的實踐的一種貢獻。

事，並且人員大幅流動的結果造成持續性行政的困難；美國的行政改革表面上是因爲總統加費爾 (James Garfield) 爲未能如願獲職的人刺殺殞命而促成，實際上各方對舊式任用方式的不滿已醞釀一段時期，加費爾事件不過爲推動改革者提供有力藉口而已。當社會漸趨工業化，政府工作日益複雜之際，專業化的行政官僚必然有其需要，而這類行政人員無法以舊有的方式大量羅致。建立專業化行政官僚組織，其先決條件爲以「才能」原則甄用人員，並以該原則保障其職位，使其任用與去職，不受政黨或政治首長個人的成敗或喜怒的影響。

所謂「才能」原則的實踐包含三層意義：（一）「個人才能」爲任用的唯一標準，其他的個人特性，如黨籍、宗教、種族、出身階級……等皆與任用無關。因此，「個人才能」原則的實踐也有使政府公務人員任用民主化與平等化的含義；（二）「個人才能」應以公平、公開、客觀、嚴謹、有效的程序與方法來決定，據此乃有公職人員的考試，來決定人員的任用，以及其他種種良好方法（包括升等考試）來決定人員的升遷；此種種程序在減少政治首長以個人的主觀判斷來決定「個人才能」，致破壞「個人才能」制的精神；（三）政治性職位與行政職位加以劃分，不得藉使政治性職位大量增多，並減少行政職位爲手段來損害「才能原則」，政治性職位與行政職位的功能並不相同，並不是任何政黨或個人可任意決定何者爲政治性，何者爲

行政性的。

以專才獲得任用的行政人員應該超越黨派政治，個人所屬地區、階級、宗教……等利益，爲全社會的公益服務。其在執行公務上，必須公正、公平、遵循法規、不得徇私。以上這些規範的普遍深植於行政人員的心中，內化爲基本信條，方能保證「才能」原則的充份實現，否則徒具制度、程序，仍然不足以達到行政人事的現代化。

「用人」唯才的現代官僚制度，不僅是指大批根據「個人才能」原則任用，並具適當公務行爲的價值規範的人員，也指公務機關的組織與其與外界環境的關係具備現代的特性：

首先擬討論公務機關的組織，一般來說，階層化乃是組織的主要特徵，一切公務機關爲了貫徹命令與責任，爭取效率，完成任務，必須按嚴格的階層化原則建立。除了階層化，公務機關的另一特徵是按照分工的需要，設置平行的單位。公務機關中的各個單位，平行的按分工原則設置，若干平行者合成一個較大的單位，此單位與其同等的單位也是按分工原則設置的。許多單位合成一個金字塔型的組織，若干行政機關合成的金字塔型組織遂構成國家的行政體系，此一體系爲執行政治領導者決定的政策之工具。

行政體系與政治領導者的關係，對於政策的執行甚爲重要。在民主國家，政治領導者乃是選舉中獲勝的政黨之領導人士或其以政治考慮任用的政務人員，這些人員決定的政策，理論上是獲得多數人民的

支持，或其成敗可能成為政治責任問題，因此，行政官員必須忠實執行此等政策，不得因其不符合自己的價值觀念而敷衍塞責或陽奉陰違。欲使行政人員均能忠實執行決策者的政策，行政體系的最高主管必須由這些政治人員擔任，此為何現今各國的內閣各閣員，往往擔任部長之職。然而，政治首長指揮行政機關之權力，必須具有一定的限度。此一限度的維持，對保持行政機關之「政治中立性」與「人事自主性」，甚為必要，而這些在當前都有助於維護民主政制。

政治首長指揮行政機關，主要目的在保證政策的忠實執行，不宜在與此目的無關的事務上加以過多控制，尤其不應逼迫行政人員在純屬行政的領域內接受其黨派立場。這點之所以重要，乃因政治首長必然為其政黨的重要領袖或幹部，在民主國家，各政黨的競爭，必須站在公平的基礎上，倘若一個當權的政黨，能透過其擔任機關首長的領袖或幹部，使行政機關成為其工具，則在野黨必將處於甚為不利之地位，所謂「公平競爭」，必將成為具文。此外，倘若政務首長的指揮權過當，則甚可能在公務人員的人事任免與升遷降調上謀取黨派利益，亦即以黨派效忠作為用人的主要準則，如此，卽使「個人才能」原則在表面上得以維持，也會遭到腐蝕，因此，為維護「個人才能」原則，政務首長對事務性行政人員的指揮權力必須加以限制。在行政體系中，為一般目的所需指揮權，應由事務官員的層級主管為之。譬如在英國，內閣部長僅監督其部內僚屬忠實執行政策，至於部內公務

紀律的維持，工作績效的考核……等，皆由常務次長主管，而常務次長爲職業公務員，不得參與政黨政治。

在民主國家，行政部門與國會的關係常常受廣泛的注意：一般來說，國會有權監督行政部門，以保證其忠實執行所立之法，並與行政部門保持暢通的雙向溝通管道，一方面藉以了解行政部門施政的實現，另方面也使行政首長能洞悉民意：國會議員與行政部門首長的關係，不宜過份親密與和諧，因爲如此可能削弱監督的功能，也不宜過份惡劣，因爲在這種情況下，理性的立法就有困難。（因在今日社會，重要的立法——亦卽政策之制訂，必賴兩者某種程度的合作），維持此適當的關係，確實不易。所謂行政部門，包括政務人員的決策層，也包括狹義的行政體系，關於國會與政務決策層的關係，我們已討論過，茲不贅言，在此，我們擬探討國會與狹義的行政體系之關係。

一般來說，國會並無必要與狹義的行政體系發生直接的關係，國會的委員會有權邀任何官員出席聽證會，但這與國會得邀任何公民出席聽證會一般，屬於委員會與官員私人間關係：國會質詢時，也可邀事務官員列席，但其列席乃是以受質詢的政務官員之幕僚身份，其與國會的關係是透過政務官員者，國會委員會或個別議員可向行政機關索取與其業務有關資料與立法過程所需的技術性意見或建議，但事務官員在提供較機密的資料與涉及敏感問題之技術性意見與建議時，必

須事先獲得其政務主管的核准。國會與狹義的行政體系關係的明確釐
定，有若干可取之處：首先，事務性行政官員不能與國會議員勾結，
而損害政務官員的政策領導權；其次，國會議員的政治影響力無法滲
入行政機構而損及以「個人才能」爲基礎的人事制度，及官員們對本
身業務的專業技術性考慮與判斷；第三，行政官員可避免捲入政治黨
派爭執，以維護其機關的自主性及全社會對它的公信。

貳　政策執行的步驟

　　一項政策的成敗，其制定固然重要，執行也不可忽視，有時細心
而周詳制訂的政策，也可能因執行不當，其成效大打折扣，甚至完全
無功。政策執行的良好與否，與執行的機構與人員的素質關係雖然重
大，適切的程序更是不可忽視。在政策執行的過程中，每一步驟必須
精心設計，步驟與步驟間的序列務必考慮周詳，重視程序之目的，一
方面是保證政策的合法性，許多政策都牽涉人民的權益，其合法性甚
關重要，卽使一項政策對社會有積極貢獻，倘若其內容，或制訂與執
行的程序違法，也不足取。重視程序的另一目的，是保證政策目標的
達成，任何政策都是爲了追求某一（或某組）目標（興利或防弊），
一項政策卽使在制訂時釐清目標，在執行中，也可能失去了原有目
標，或移動了諸項目標的順序（當一項政策追求多重目標時），如此，
政策的效果就不存或大爲削弱；故注意程序的另一目的是使政策的執

行減少人力與資源的浪費，能達到高度的效益與效率。

　　大體來說，由於今日社會的複雜，處理政務往往需要專門知識與技術，政治決策者——不論立法部門或行政部門的政治首長——決定的政策大多是一些原則性、綱領性或基本性的「事務」，這些「事物」欲成為真正可執行的行動，必須經過詮釋，及轉化為具體的工作規劃（programs）。

　　政策詮釋與轉化為工作規劃是高級事務官員的任務。此一步驟涉及行政決策，行政決策與政治決策的性質不同，不能混為一談。政治決策是決定政策的目標與實施的基本方法，行政決策則為這些方法的具體化，及實現政策目標的技術之選擇，此外，也涉及實踐政策的人員與資財之調配等。

　　工作規劃擬訂後，次一步驟為分配任行，着手執行。一項工作規劃往往被分解成若干成份，發交不同的次級單位執行，而一個次級單位（或機關）又把其分配之部份再行分解為更細密的部份，交給更次級的單位（或機關）負責執行，為求整個規劃的完整及執行者步調之一致，並避免資財與人力之浪費，協調甚為重要，中層行政人員的主要任務即為協調。所謂協調，一方面是上下間的協調，上級的指示必須正確地傳達給基層的行動者，而行動者的意見（對政策執行的困難與政策本身的批評）也必須反映給上級；另方面是平行單位間的協調。

　　較狹義的「政策執行」包括數項步驟：（一）把政策宣告於社會

或社會中的有關者 (target population)；（二）實行 (application)，即將其應用於個案，譬如一項增稅的政策，即將爲實踐該政策而擬訂通過的新稅法適用於個別納稅人，增收其稅賦，並懲處違規者；（三）估量政策後果，並將該一評估呈報上級，作爲該一政策應予修正、廢止，抑或繼續實行的決定時之參考。

公共政策的評估，甚爲重要，尤其在當前情形下，評估的途徑與方法不一，執行政策的行政機關本身的評估僅爲其一，其作用較爲狹窄，在後一章中，我們將專門討論諸種方式的政策評估。

叁　現代社會政策執行的問題

現代社會，在公共政策的執行方面，存有不少不易解決的問題。由於社會的高度複雜與人民對政府要求之增多，政策領域較以往大爲擴大：在以往，人民不期望政府提供服務的事務，現在却被要求提供服務，以往政府不必訂定辦法加以管制的領域，現在政府必須如此，否則社會公益必定受損。政策領域的擴大，使政策在數量上大增，而且在許多不熟悉的事物上，政府都必須制訂政策並加以執行。而且，無論在政策的制訂與執行上，有趨於專門化的傾向，不同的政策領域，需要不同的專門知識與技術，因之，專家在政策中的角色大增，行政系統成爲各類專家的組合。

政策領域的擴大與專家地位的提高，影響到決策者（不論是行政

部門的政務官或立法者）的權威；在民主國家，決策者理應遵循民意制訂政策，然後交給行政系統中事務官去執行，並加以監督，以保證不違民意；這一理想在現代社會已難維持。決策者本身往往不是「專家」，他們制訂政策，必須依賴高級事務官員的建議與知識，在有些領域，他們幾乎只得全盤接受高級幕僚的意見，這些建議與意見，即使並不符合民意，人民往往無從獲知。由於決策者對政策領域的無知，他們必須高度依賴事務官的專門知識，因此，監督政策執行的任務也甚難達到。而民主制度下應有的對政策執行的監督已成為有名無實之虞。

為了糾正這一趨勢，在若干國家，現在已有人主張對「個人才能」原則甄用人員的制度，作某種修改，也即擴大政治任命的員額，使高級事務官員也不必依「個人才能」原則任用，如此，他們希望能加強對政策執行者的監督，使民意更能有效地貫徹，然而，這種主張，呼應的人並不多，大多數行政學者認為如此做可能破壞辛苦建立的「個人才能」原則為基礎的人事制度，被政黨的酬庸漸漸取代。因此，大多數民主國家事務官員的任用制度不可能作大幅度的改變，民主政制下人民及其代表如何有效監督政策執行者的問題，並不能徹底解決。

在較進步的社會，政策執行的機關大量膨脹、人員數目快速增加的結果帶來兩個問題，其一是協調的困難：現代社會政策執行機關與

人員甚多，分工甚細，一項政策往往交由若干機關，許多單位的大批人員去執行，這許多人追求的雖爲同一目標，但由於人員的訓練不一，對政策的認知不等：其執行往往產生摩擦、矛盾與浪費，這些缺點往往有賴協調來防範與糾正，可是在複雜的情況下，協調殊非易事，由於協調無法完全發揮作用，現代社會的政策執行過程，往往執行者互相抵銷彼此努力的情事，造成人民的不滿，「縮小政府的編制與員額」的呼聲層出不窮。人民這項要求與其期望政府提供的服務日益增多之心理是矛盾的。而這一矛盾正好說明現代社會政策執行者與人民關係的一個困境：人民期望其能履行各類任務，但又期望其能在毫無權力的條件下如此做。

　　政策執行的另一項問題是如何在快速變遷的環境中追求政策目標可能遭遇的困難。大體說來，有一類純粹是爲了解決眼前的問題，滿足人民某種已明白表示的需要的政策，在以往，這類政策爲政府注意的重心。另一類政策甚富前瞻性，此卽政策制訂者根據社會演變的軌跡，預測未來可能發生的問題與人民可能提出的要求，而在事先提出方案，建構處理的構想與步驟。現代社會甚需要這類前瞻性的政策，但制訂這類政策甚爲困難，而且這類政策的效果也不易確定。前瞻性的政策之執行，問題叢生。其所以如此，是因現代社會環境變遷甚爲快速，無人能正確預估未來，往往一項制訂得完善理想的政策，一旦付諸實行，可能因環境的突變，完全缺少價值，或窒礙難行。現代社

會，半途而廢的政策爲數甚多，負責執行的人員因而常遭社會非難。

現代社會，政策執行的另一項困難爲人才難求。與往昔相比，現代社會行政機關內專門人才甚多，政府已成爲人才的集中場所之一，然而，由於政府功能的擴增，及在嶄新的政策領域中行動之需要，人才往往不足，尤其在較新的政策領域，更苦於人才難覓。許多政策領域，都需要科技專才擔任政策的執行者，但不熟悉行政法規與規範的科技專才，並不適合充當較重要的職位，如此，更縮小了可任用的人才。爲公務機關工作的性質，升遷制度的刻板與待遇的菲薄，亦使其無法與工商企業界競爭延攬人才。公務機關中層主管人員轉至私人企業界服務，在工商業較發達的國家是普遍存在的現象，由於這些人士往往爲政策執行的成敗所繫，其外流實構成現代政府的一大損失。政府欲糾正這一情勢，吸收更多人才，就必須改善待遇，使其與私人企業界差距不致過大，加速新陳代謝俾中層人員有上升的可能性，改進退休福利使年老者願意讓賢，提供進修機會及強調爲公衆服務的愛國心。

現代社會，政策執行的另一項困難是如何維持執行者與社會的適當關係。我們曾經指出在現代社會，民意與決策者甚難監督政策的執行，然而，這並不表示政策執行者可完全自主地行事，不必理會民意的干預，相反地，正因民意代表按正規程序的監督更加困難，人民透過利益團體與個人接觸企圖影響政策執行的行爲就更爲普遍與頻繁。

理論上，正規程序的監督是爲了公益，透過利益團體與個人接觸的干預往往是爲了私利。政策執行者受到來自四面八方爲私利之壓力與請託，往往倍感困擾：一方面，有些人士期望執行機關與執行者能站在維護公益的立場，拒斥壓力與請託；另方面，有些人士則認爲政府機關應留意人民的願望，故不宜對這些活動充耳不聞，但無論如何，其反應必須符合法律與政治道德，不能與民間的團體或個人勾結謀取私利，也不能徇私不公。

第十七章　政策評估

　　公共政策制訂與執行以後，一個重要的問題是：效果究竟如何？它是否與制訂及執行該政策所化費的人力、財力成正比？抑或不成正比，以致這些活動完全是一種浪費?!在以往，許多社會只注意制訂與執行政策，而絲毫不考慮其效果，結果造成資源的嚴重虛耗，而政策企圖解決的問題依然存在。今天凡是號稱現代化的國家，這種浪費更不能容忍，因為首先現代社會的許多政策，投入的資源甚為可觀，政策效果如不能獲致，其損失甚大，往往一個國家的財力經不起幾個錯誤的政策，譬如當前若干開發中國家為巨額外債所苦，而這些外債往往是一些缺乏實效的開發政策造成的；其次，現代國家人民都已具備相當高的政治意識，期望政府為其解決困難，增進福祉，倘若政府的政策不能獲致效果，就不免民怨沸騰，而造成政局不穩。故一系列達不到效果的政策，不僅是一項無可彌補的浪費，而且可能導致政治危機。

　　政策評估的重要性如斯，評估的方法與技術又如何呢？　一般來

說，現代的政策研究已注意及政策後果的評估，許多學者的努力已發展出一些評估的模式、方法與技術，但這些模式、方法與技術仍然不夠科學化、不夠嚴謹。因此，現階級的政策後果評估，評估者個人主觀判斷的成份仍相當大，不過，無論如何，評估的工作，比以往已有長足的進步。

評估的能否有效推行，並不全在於政治學界是否發展出評估的方法與技術，還有許多別的因素，如政府對此工作的態度……等，這些也是我們探討政策評估時應注意的。

本章擬簡略說明政策評估的理論、方法與技術，全章分爲三節：第一節敍述政策評估的涵義及準則；第二節討論評估的理論、方法與技術；第三節指出政策評估的學術與實務之條件。

壹　政策評估的涵義及準則

所謂政策評估，乃是指對一項公共政策的效果與影響所作的鑑定與估量❶。每一項政策都有政策目標，政策評估的一個層面，是衡量其是否達到目標，或者接近目標至何種程度；政策目標倘若甚爲明

---

❶　參閱 Peter H. Rossi and Howard E. Freeman, *Evaluation: A Systematic Approach*, 2nd ed. (Beverly Hills, 1982). 與 John G. Grumm, "The Analysis of Policy Impact," in Fred Greenstein and Nelson Polsby, eds., *Policies and Policymaking* (*Handbook of Political Science*, Vol. 6).

確，並可有具體的、可量化的指標來表示，則此一層面的政策評估甚爲容易，譬如建造一座工廠，以生產某一物品這項政策，則可按建廠後每一年份內的產品數量，或其銷售利潤之量來估評，然而，許多政策之目標並不十分明確而具體，或者政策目標不止一端，多重目標的序列不易排列，則按政策目標的達成與否，來評估政策，並不容易，另一層面的公共政策評估，是按其對「標的民衆」（target population）之實際影響來鑑定其實效。許多公共政策都有其特定的「標的民衆」，當然，任何重大政策對全社會的民衆都有影響，但民衆所受影響的程度是不同的，「標的民衆」所受的影響最大，而且最爲直接。譬如一項農業政策，對全國人民都可能產生影響，但對農民之影響最大而直接，則農民即爲「標的民衆」，探測政策對標的民衆的行爲、態度、觀念或生活方式發生的影響，即可評估政策的效果；政策評估的另一層面是其對環境造成的改變之探測與鑑定：此類評估可把評估的範圍擴大至「標的民衆」以外的人口。雖然標的民衆受政策的影響最大而直接，但其餘的人口以及整個體系也不能免於一項重大政策的影響；再說所謂標的民衆受政策影響最大可能是指近期的影響，如論長期影響，則此一推斷未必一定正確，基於此一理由，政策評估似不宜限於其對標的民衆影響之估量與鑑定而已。

　　政策評估之準則，有屬於基本價值的，也有純粹技術性的。嚴格說來，基於基本價值的準則乃是政治哲學的範圍，其對政策路線

(metapolicy）的探討較有幫助，對一般政策後果之評估，並無太大
關聯，然而，由於一般讀者對此區分之不甚瞭然，仍有予以簡單說明
的必要。

政治哲學家樂於探討之一項問題為政府的基本目的，或者人類為
何要設置政府？由此引發許多爭辯，近年來，在自由主義思潮為主流
的民主國家，探討此問題者已有某種程度的「共識」，他們大體認為
政府的基本目的在為人民保障與促進若干重要基本價值，諸如福利、
正義與自由，及若干為獲致這些所必需的工具性價值如某種程度的安
全、政治穩定與秩序❷。政府的一切公共政策都必須以這些價值的獲
致為其目標，否則就成為虐政，不必要的苛擾，或無謂的浪費。當
然，公共政策，即使原則上是為獲致這些價值的，在實際的制訂與推
行上，又可能面臨兩項困難：第一、任何政策都可能對有些人有利，
對另一些人不利，或有些人獲利較多，有些人較少。舉例來說，一項
增加農產品補貼金的政策，可能增加農民的福利，但也可能減少非農
業人口的福利；其二、許多政策都涉及這些價值的增減關係，如一項
允許私人企業完全「自由」的政策，可能造成對勞工的重大不利，而
違反「正義」，並減少勞工的「福利」；故任何政策，都必須考慮這種
種價值得失之平衡。在自由主義為主流的民主國家，許多探討這些問
題的人士，對上列第一項困難的解決，大體採取兩個原則：一個原則

❷ Gordon Scott, *Welfare, Justice and Freedom* (New York, 1980).

是把民主程序的基本原則加以移用，此卽任何政策均應保障與促成大多數人的「價值獲致，而不至嚴重損害少數人」：基於此點，任何改革，都是比較溫和的，以免對旣得利益份子構成過大的損害；另一原則是福利經濟學者所標榜的「柏拉圖最佳點」（Pareto Optimality）的說法，柏拉圖此一原則，應用於分配與再分配的政策問題上，較爲顯著，此卽在決定再分配時，最佳點爲無任何人比以前更差，而有些人比以前更佳之點。此一原則的實踐，當然並不容易，但許多溫和改革者認爲這是值得追求的目標。

至於第二項困難解決，有一種途徑爲按基本價值的序列來決定取捨，譬如有人認爲自由乃首位的價值，任何政策，不論其在獲致其他價值上的成效如何，如嚴重損及自由，均不足取；也有人認爲自由雖然重要，但並不是首位，與其他種種價值至多站在同等地位，故一項政策，卽使損及自由，只要損及自由的量（程度）可藉其他價值之增益的量來補足，而其他價值方面獲致純利，則仍可採取。

以基本價值的獲致作爲政策評估的準則，其用途僅限於理論的層面，因爲當我們評估一項個別的政策時，其問題不僅在於鑑定其獲致某種價值，而在於這些價值的程度與量，此涉及這些價值以何指標來表示（我們必須按某些指標才能測定與量度某一價值），並以何種方法來量度等等技術問題。尤其當我們必須衡量數項價值以定其得失時，這些技術問題的解決，更不可缺。

　　事實上，一般來說，政策評估的準則，並不需要使用上述的基本價值，因爲在一個民主自由的政治體系內，我們假定政策的主要目的都是爲了實踐這些價值，倘若人民對政府實踐之誠意有所懷疑，則可使其落選。故政策評估的實用準則應該以技術性爲主。這涉及政策效果或影響的實徵研究。我們唯有發展設計良好的實徵政策後果研究，才有可能漸漸克服政策評估的技術困難，並形成有用的準則。

貳　政策評估的理論、方法與技術

　　政策評估從政治哲學的考慮演變爲政治科學的課題爲近年來的發展，此即政策後果或影響的研究。

　　所謂公共政策的實徵研究，共有兩種：第一種是決策研究 (decisional research)，決策研究中，政策成爲依變項，卽被解釋的對象，研究目的在發現何種因素導致此一政策，及政策是如何形成的……等；另一種是政策後果或影響：研究 (impact research)，在此種研究中，政策成爲自變項。此種研究往往從某一政策開始，然後逐步探測其造成的各類後果或影響。換言之，在這種研究中，政策是已知項，其後果或影響則爲必須發現的事物。

　　政策研究中，經常爲人使用的一些技術，諸如若干統計法（多重迴歸分析等），在政策後果的研究中，未必有用。此因這些技術都是用來鑑定某一單獨變項或結果的諸種可能的成因者，施之於探測以往

存在的因素頗為適宜，而政策後果或影響的研究，則為前瞻性的，即吾人已有一決定項，然後設法找出其諸種後果或影響。換言之，種種統計方法是用來探測某一結果的諸因者，而政策後果研究則為找尋某一因之諸種後果的。

　　後果研究較適當的方法，似為個案研究，即把一項政策當作一個個案，個案累積至某一數目，則有建立較嚴謹的分析模式的希望，目前則未達此一地步。事實上，目前政策後果研究，頗不理想。譬如著名的柯門研究 (James Coleman's Equality of Educational Opportunity Study, 1966)，其目的本為決定美國國會一九六四年通過的民權法在達到少數民族教育機會的平等上的效果，然而，柯門的研究實際上僅是對教育的結果剖析其成因而已❸。其研究的焦點不是政策，而係教育制度的結果，政策僅構成制度的一環而已。

　　在政策後果的研究中，分析的焦點不宜誤置，應在「後果」，而非政策。當然，「後果」是呈現於環境的改變中，而造成環境改變的因素不止一端，政策僅為其一，吾人必須將諸種因素加以分離，俾突出政策這一因素。

　　政策的後果或影響又可分為初步的，後隨的及體系的。初步的後果乃是對標的民眾所產生的最直接的後果或影響，可從標的民眾的態

---

❸　J. S. Coleman, et. al., *Equality of Educational Opportunity*. Washington, (D. C. 1966).

度與其行爲及生活方面的改變上察知: 後隨的後果必須在政策實施相當時日後才能產生, **其探測較爲困難**, 體系的後果爲政策對整個社會發生的種種不同的**影響**, 其探知自然更是困難重重。

政策後果的研究, 能提供我們評估政策的較客觀, 較系統化的標準, 然而, 其本身並不等於政策評估, 欲評估政策, 仍需按照某些預設的標準, 這些標準應在政策目標擬定之時, 蘊含於目標之中, 苟能如此, 則我們只需藉政策後果的研究斷定政策目標是否達成, 來對它作適當的評估。然而, 有時決策者的政策目標並不清晰, 或在其決定目標時, 並不重視基本的價值, 或者甚至含有「 不當 」的價值, 如此, 即使按政策後果的研究, 政策確實達到目標, 也不能視爲良好的政策, 例如目前若干開發中國家的國家安全政策, 其武器裝備的費用遠超過防衞的需要, 形成對國家資源嚴重的浪費, 這種政策雖然有效執行, 達到了預定目標, 發生了預期後果 (軍力的現代化) 但對其國民的福祉有相當不良的後果, 因此不能視爲「良好」的政策。

叁 政策評估的學術與非學術的條件

一個社會, 欲發展健全的政策評估的傳統, 必須存有若干學術與非學術的條件。在一個獨裁國家, 客觀的政策評估, 往往相當困難, 一方面, 獨裁者往往被認爲不可能犯錯, 因此只要是他 (他們) 親自決定的政策, 或者他 (他們) 完全認可的政策, 就不容許別人指出其

不當。而且，獨裁者往往被屬下矇蔽，其僚屬爲使獨裁者無法見到政策失敗的眞相，可能嚴密控制資料，或提供虛僞的「事實」，社會上知情者也不敢以眞相宣示於衆。在赫魯雪夫對蘇聯共產黨二十屆黨代表大會的演詞中，曾指出史達林晚年，蘇聯農業政策失敗，烏克蘭等地農民生活困苦，但其親信常以不實的資料使其誤信農產豐收，農民生活舒適等「神話」，而知情者並不敢告以眞相；另方面，獨裁政府可能把批評其政策之人視爲對國家不忠而予懲罰，在這種情況下，客觀的政策評估就不可能，而獨裁政府的官僚也可能控制資料過於嚴密。致政策後果的研究發生困難。

我們不能說在獨裁國家，決不可能有政策後果之研究、或決不可有政策之評估，事實上，這些活動都是存在的，但其研究的政策可能皆屬「政治敏感性」低者，而且卽使此類政策的後果研究與評估，也自有其限制，這種限制可能爲事實上存在的限制，也可能爲研究與評估者的自我心理設限。

在民主國家，政策後果的客觀研究與評估，自然較有可能，然而，卽使在這些國家，也非沒有相當的限制。由於政策後果的研究與政策的評估，在當權者與爭權者的眼中，與一般學術研究不同，是可能影響其權力的。因此，他們對這類研究，不易袖手旁觀，完全不加干預。由於這類研究與政策評估的性質，執政當局的干預，頗爲可能，因爲資料必須從官僚體系中取得，而多種資料均可以「機密」爲

由，拒絕提供。在這些限制下，學術界從事客觀的政策後果研究，比從事其他項目的研究，困難得多。此外，執政的政黨與反對黨也各有其自己的政策後果。研究與評估，或與其接近的研究組織或團體，對一項引起爭議的政策，往往有數種不同的研究，及數種按不同研究所作的評估，其結論往往大爲不同，一般讀者並不能眞正分辨何種研究或評估之報告是眞正客觀的，如此，客觀的研究者的努力往往不能獲得應有的承認或酬報❹。

在開發中國家，政策後果的研究與客觀的評價，甚爲困難，除了諸多的政治與社會限制以外，學術界缺乏從事此類工作的人才，也是困難之一；而且，在大多數開發中國家，學術研究的經費，絕大多數來自政府，甚少其他來源的經費，如此，客觀的政策後果的研究，及依據研究來作客觀的評估，自無更不易辦到了。

事實上，當權的政府，若有遠見，應該鼓勵客觀的政策後果的研究與評估，因爲，它對政策的制訂與執行之實效的獲致，具有積極的貢獻，不當的政策可藉此在重大浪費形成前修訂或取消；而且，當客觀的政策後果之研究與評估成爲一個政治社會的傳統後，政治論辯較能理性，其內容不致純然淪爲政黨或派系爭取情緒性的支持或反對某項政策的說詞，如此，民主政治的素質才能提昇，政策制訂與執行的素質才能改進。

---

❹ 關於各類政策評估及因此產生的問題，參閱 Kenneth M. Dolbeare, ed. *Public Policy Evaluation*, (Beverly Hills and London, 1975).

第十八章　政治社會化

　　人的態度與行爲，都是外顯的，但各具有內隱的價值與觀念爲其基礎，政治社會化可說是塑造與傳遞政治價值與觀念的過程，對政治態度與行爲的塑造，影響是顯而易見的。本章擬剖析政治社會化。全章計分四節：第一節擬分析政治社會化的涵義；第二節擬探討政治社會化的各種途徑；第三節擬討論政治社會化對個人的功能，第四節擬討論其對社會整體之功能。

壹　教育・社會化・政治社會化

　　「人非生而知之者，學而知之者也」。國人的觀念，深受儒家影響，對於教育與學習的重要性，具有甚高程度的領悟。因此，我國學者對於社會化與政治社會化的探討，特別感到興趣。

　　所謂「社會化」（socialization）乃是社會學者慣用的名辭，一項定義是「個人與其他的人互相影響的過程，此過程的結果是個人接

受與適應社會行為的型式。」❶社會生活之維繫仰賴某些固定行為型式的存在，每個個人，必須藉與他人共處與交往的過程，學習這些型式，然後才能適應社會生活。

社會化這個過程，可從兩個角度來看，從個人的角度，這是「學習」過程，甚至可說是學習做人與處人的過程。初生的嬰兒，可能有其「社會性」，喜歡有別人伴他、逗他，但完全不懂如何與人相處，必須在其人生歷程中，慢慢學習與領悟，才能適應社會生活。從社會的角度，社會化是一種陶冶與塑造的過程，把許多個人從「自然人」改變為「社會人」的經過。「社會化」一辭，固然有側重個人適應社會既定型式的涵義，但並不含有否定個性的存在與價值之意。事實上，每個個人的個性也會對其適應的程度與狀態產生影響；個性甚至也可能使社會生活的型式發生改變。結構功能派的社會學者認為不成功的社會化多半是指造成許多適應不良，或具反社會傾向與行為的個案之社會化，其後果可能使社會的既定秩序產生動盪或不安；衝突學派的社會學者則認為不成功的社會化是造成太多過份的適應，從眾 (conforming)，失去個性的個案之社會化，其後果是人們失去批判精神，對既定社會的缺失任其繼續存在，結果社會可能呈現僵化。

從以上的敘述中，我們可知「社會化」一詞，與「教育」一詞，

---

❶ 參閱 Joseph H. Fichter, *Sociology* (Chicago and London, 1971) p. 29.

似有雷同之處，的確，此兩詞的涵義頗多雷同。然而，社會化的涵蓋面超過教育，教育爲社會化的重要部份，但社會化並不限於吾人通稱的「教育」。 我們通稱教育是指有意識、 有目的的教導、 訓誨、 傳授、啓發受教育者，教育者期望受教育者以其預設的方向發展——不論是知識的增進、能力的獲取、品德的改進與體能的增強，教育固然可涵攝於社會化的涵義內，但社會化又可指無意識、無目的之社會影響，此種影響產生的任何後果，都可視作社會化之結果。

政治社會化乃是指政治社會成員經歷的調適過程，經此他逐能成爲政治社會的一份子，而政治社會也藉此維持其存在。

就個人而論， 由於政治社會化， 他逐漸漸形成對政治事物的認知、感情與判斷標準：對政治事物與情勢的應付與處理之道；並對自己在政治社會中的地位與角色有了一種固定的認識與看法，並依據此種認識與看法，形成了其政治態度與行爲❷。

大多數政治社會化的研究者都較重視兒童期獲取政治態度之過程，由於兒童期可塑性高，對個人影響大，研究兒童的社會化自然甚爲重要，但是，過度重視兒童的社會化可能使人誤以爲政治社會化僅限於兒童時期，這是不正確的。事實上，對有些人而言，成年後的政

---

❷ David Easton and Jack Dennis, *Children in the Political System* (New York, 1969). Fred Greenstein, *Children and Politics* (New Haven, 1965).

治社會化——尤其是與實際政治接觸後的經驗——比兒童期的社會化對其政治態度與行為更具決定性。總之，兒童期與成人的社會化都有其重要性，而成人政治社會化的研究，不可忽視。

貳　政治社會化的諸途徑

現代社會，一個人初識人事，就可能與政治社會的「代表」接觸：馬路上指揮交通的警察，是一個學齡前兒童也注意到的人物，因此，政治社會化的過程可說開始得甚早。而在一個人的一生當中，政治社會化的過程不會中斷。當然，對許多人而言，至二十餘歲時，對政治已有固定的看法，固定的態度與行為型式，以後的社會化，影響已不大了。

我們在社會化過程中，獲得對政治社會的知識，形成情感取向、與判斷與評估的準則，是透過若干主要的「機構」，這些提供社會化的各種途徑。它們是家庭或家族、學校、同儕團體、工作場所、大衆傳播媒體、選舉與其他政治活動場合。

（一）**家庭**：家庭對兒童人格的塑造，基本人生觀的形成，與常識的啓蒙，具有重大的作用，其在社會化的過程中，扮演關鍵性角色。由於除了少數「政治家庭」以外，一般家庭中，父母並不刻意傳授子女有關政治的知識或塑造其政治信仰與認同。有人也許會低估家庭在政治社會化中的角色。事實上，儘管大多數父母並不把「政治」

當作教育子女的重點，但他們有意無意間的言行，會大大影響子女的政治瞭解，對政治的看法，及對政治事物與角色之態度。試舉數例以說明之；例一、父母於選舉期間對選舉的評語（「……不過是金牛的玩意。」……之類），對候選人與政黨的議論，都會影響子女對政治體制與人物的看法；例二、父母對象徵政治權威的事物（如國旗等）與人員的態度（過於輕視、過於敬畏，或適度尊重）也足以影響子女對政治權威的看法，及自己的政治效能感的培養。

家庭中父母與子女的關係，教養的方式對子女的人格的塑造也有影響，這也會對其政治態度與觀念發生作用。

此外，每個家庭都有其生活方式、消費型態，來往親友的身份大致相似。這些都表示其在社會階層中的地位，人的政治意識與態度常受其階級地位的影響，而人最早感到其階級地位則在家庭生活中，尤其是與其他家庭比較之時。

（二）**學校**：政治社會化的另一重要途徑是經由正規的學校教育；目前，世界上較進步的國家，學齡兒童百分之八十五以上都受義務教育，即使在一般開發中國家，百分之五十以上學齡兒童也有義務教育的機會，學校教育的影響力是甚為巨大的。正規學校中的政治社會化，主要有兩種方式。一種是透過公民課程：培育教育當局心目中的健全公民，是現代國家深為重視的，故公民課程為學校課程中相當重要的一環。在公民課程中，人民的愛國心之培養，正確的參政態度

的陶鑄，及基本政治知識諸如國家的政府組織等的傳授都有其份量。正規的公民教育的效果如何？是一個不易回答的問題：各國在教育投資課程設計上之情況並不相同，而家庭背景、性格各不相同的靑少年接受教育後的反應自然也不會一樣。不過，大體說來，學校的公民課程的內容如能與學生在家庭及其他場合吸收或學習的關於政治的認知比較一致，則其效果較大，倘若兩者間矛盾較顯著，則其效果就可能降低。另一種學校中的政治社會化是由於學校是個人最早歸屬的一個團體，在其中他開始學習團體生活的規範、體驗團體生活的內涵，及領略較大組織與個人的關係，個人在其求學的過程中，經歷了若干團體的生活，這些經驗影響其對權威的看法與態度，對羣體的情感與評斷，如此，間接地影響其政治態度與行爲。例如在歐洲大陸，在嚴格的耶穌會士主持的中學畢業的學生中，支持政教分離等自由主義政策的人數較多，這可能是他們的親身經驗使其對教會的狹隘的道德教條更不能同意，如此，他們的政治態度就受了影響。

（三）同儕團體：同儕團體對於靑少年的觀念、態度與行爲的重大影響，是社會學者無不承認的。靑少年在其成長的某一階段，大多愛好與年齡相近、志趣相投的朋友在一塊閒談遊樂，因而有許多同儕團體，大多數這類團體，都不甚談論政治問題。但靑少年在一塊偶爾討論政治，尤其在選舉期間，也非不可能，然而，同儕團體的政治社會化功能，主要並不是由於靑少年在一起討論政治，而是在於其對靑

少年的個性、基本人生觀……等的影響，這都可能間接影響其對政治的觀念與態度。

（四）**工作場所**：許多人在十六歲或十八歲就中止學業，進入工作場所，工作場所爲其社會化過程中重要的一環。在以往，或在今日比較落後的開發中國家，這些靑少年大多在田間工作，由於農村生活的單調與貧乏，他們對政治不可能引發強烈的興趣。目前，在已開發國家或較進步的開發中國家，這些靑年大多數進入工廠。工廠生活往往集合大批勞工，並且重視組織與紀律，人際關係相當複雜而重要，人們互相影響的可能性大增， 而工人的工資與工作條件， 依賴資方（私人企業家或政府）與勞工協議或資方單獨決定，而政府的政策，則能影響這種決定，這都提昇勞工的政治意識。在工廠中，政治意識較高的勞工往往能居於意見領袖的地位，受其他工人尊敬；在組織工會的權利可自由行使的國家，他們成爲工會吸收的幹部，可公然向勞工傳佈工會的立場；在組織工會權利受限制或不被承認的國家，這些人可能成爲官定工會的幹部或被看作言行應受注意的潛在搞亂份子。至於一般勞工，自然會因這些人的影響，及自己生活的考慮，而多多少少關心政治，並期望能藉政治的手段，來改進自己的生活。

（五）**大衆傳播媒體**：大衆傳播媒體的政治社會化功能，是衆所週知的，但此功能究竟多大，恐怕就甚難定評了。我們知道小學中年級以下的孩童大多不讀報刊，也不觀電視新聞，雖然從大衆傳播媒體

的娛樂性節目（尤其電視節目）中，他可能受到某種影響，但這種影響恐怕不至太大。年齡稍長的孩童與成人，則可能接觸到大眾傳播媒體之較明顯政治性的內容。在理論上，他們的政治觀念與態度可能受到影響。事實也確實如此，在識字率高的國家，大多數人對政治事物的了解主要來自報刊與電視，而在較落後地區的閉塞村落，不識字的民眾也常藉收音機來獲悉外界的事物，這些媒體提供的資料，往往為人民輕易接受與相信，而成為他們判斷政治的憑藉。

然而，大眾傳播媒體的影響似乎也不宜高估。在言論較自由的社會，往往有代表不同的基本立場的報刊存在，人們選擇其閱讀的報刊，往往依據自己原有的態度。因此，報刊的作用似乎不是形成或改變態度，而至多僅有強化原有態度的作用；電視新聞雖然已成為許多人獲知日常政治事件的來源，但電視報導新聞的受人歡迎，往往在於其「娛樂性」，一般觀眾，並不特別受電視新聞內容之「知識性」的影響。在言論不自由的社會，大眾傳播媒體的社會化功能，隨讀者原有的政治立場而異，支持政治現狀的人，比較能接受其內容，不支持現狀的人，對官方或半官方的媒體之客觀性是有所懷疑的，因此，受其影響的可能性甚小。因此，大眾傳播媒體的政治社會化功能，仍限於加強部份讀者或觀眾原有的態度。

不過，大眾傳播媒體對於知識程度較低的人的影響，可能會超過對知識程度較高或世故較深者，關於其對這類人的政治社會化功能，

仍然缺少有系統的研究，真實情況究竟如何，仍不能斷言。

（六）**選舉或其他政治性場合**：對於許多公民而言，選舉期間參與助選或聆聽候選人的競選言論，是甚具教育意義的。他們平日忙於自己私人的事務，對政治問題不可能全神貫注地關心，只有在選舉期內，由於環境的刺激，政治資訊的大量提供與不必化費太多精力即可獲得，及選戰結果對個人利益的關聯，對政治就會提高興趣，增加關心，並且作某種程度地實際參與。這類經驗對於政治觀念與態度的形成，增強或改變，都可能有影響。舉例來說，許多政治人物的參政動機往往萌生於年輕時參與助選活動，這可視作政治態度加化的一例（由一個普通的政治參與者變成積極份子）；又如在有些選舉活動不甚自由，選務行政不甚公正的社會，一些反對現政權的激進份子，都是年輕時參加選舉活動的經驗引發其強烈的改革，或革命的動機的。

選舉期內，候選人的論辯與演說，有助於一般民眾更進一步瞭解國家的政治問題，這也是相當值得重視的，選舉活動愈開放的國家之公民，政治問題的了解愈成熟，判斷也愈理性，這是選舉對民主政治的一種貢獻。

除選舉外，各種政治性場合，如聆聽議會內的辯論、參與政黨內的討論……等，也具有政治社會化的作用。

從以上的敍述中，我們可知政治社會化，主要固然是指兒童階段的社會化，但在成人階段也存在，兒童階段社會化主要在使其能扮演

一般性的政治角色也卽公民或選民角色；成人社會化則主要在使其扮演更特殊的政治角色，如個別政黨或利益團體的幹部或成員的角色；不同職位的官職等。政治社會化又可分爲直接的方式：如公民課程，這是旨在直接影響學生的政治態度的與間接的方式，如一般「潛移默化」的方式，這並不明顯地旨在影響政治態度，它可能是旨在影響一般性的態度與人生觀，但對政治態度會有間接的影響。直接的方式的效果未必優於間接的方式，這是由於大多數人對政治並無太大的興趣，而對於政治「宣傳」則相當厭煩。

叁 政治社會化與個人

政治社會化的意義與功能，可從個人與社會兩種角度來探討。從個人的觀點來看，政治社會化的功能如下：

（一）**政治自覺的形成**：由於政治社會化，兒童漸漸瞭解自己在政治社會中的角色與地位。在一個先進民主國家，他會知道自己一旦成人，就是一個具有參政權的「國家主人」，有一定的權利與義務，他與任何政府高官，包括總統或總理，在法律上是完全平等的。由於這種政治自覺，他便產生某種程度的政治效能感，感到自己可以影響政府的政策與行爲。自己的意見值得向政府表示。在政治民主化程度較低或獨裁的國家，他可能會被「教導」成一個「恭順」的百姓，對政治權威頗爲敬畏，自己的角色則爲竭誠支持政權，盡心爲其服務以

增加「國家」的榮譽，他也可能對這些別人教導的價值，漸漸產生一些疑問，而內心感到自己應有更多的權利，或對政治產生反感，這當然也是政治自覺。

「政治自覺」也包括民族主義、階級……等的自覺，受壓迫的少數民族的兒童，在成長的過程中，漸漸感到自己民族的受到歧視，遭到不平等的待遇；低階級的家庭出身的孩童，往往從其成長的環境中感到生活的困苦、前途的暗淡、自尊的受損，這種種經驗使他們較傾向激進的政治立場，歷史上激進政治運動的領導人物，頗多出自這類背景的人。

（二）政治興趣與參政慾望的培養：政治社會化的另一功能是政治興趣與參政慾望的培養（或壓抑）。在民主的社會或其他對人民政治參與加以鼓勵的社會，大體上政治社會化是有助於人民政治興趣與參政慾望的培養的。兒童在學校中被鼓勵去參與團體活動，表示自己對這些事務的意見，及爭取領導地位；在較高學府中，學生有自治的組織，學習自己管理團體的事務，凡此皆足以引起其成人後參政的興趣；在正規的公民教育中，學生被灌輸權利觀念，認識自己應維護其權利，這也有助於其增加政治參與的動機。另一方面，社會化的過程中，也可能壓抑其參政興趣與慾望：譬如，在有些社會，父母在言談中，常使子女感到政治是齷齪的，政治人物是不講信義的，或者感到政治活動是可怕的（「玩人頭的」）等等，這當然會壓抑其對政治的

興趣，甚至使其認為政治是不應該關心的，也有些父母可能使子女感到其出身與社會地位過低，在政治上不可能具有任何影響力，過份關心這些「大人先生」們的事，不僅白費時間，而且會遭致不利於己的後果，如此，子女長大後，逃避政治惟恐不及，不會真有什麼興趣與參與的慾望。

（三）**政治知識的提供**：在社會化的過程中，個人的政治知識逐漸增加，對政治環境的認識之視野漸漸擴充。由於知識的增加，個人的參政興趣會提高（或壓抑），個人的政治態度也會隨之形成。政治知識完全缺乏的人，對政治必然比較冷漠，一旦他有了某種程度的知識，就可能對政治發生興趣，假如按照他對政治的認識，感到參政能增進他的利益，他就會去參政；相反地，假如他感到這是不可能的，當然也會對政治繼續保持冷漠，此外，假如按其認識，他認為現狀必須改變，他會從事激烈的改革，甚至革命等政治活動；相反地，他會從事較溫和的政治活動。

有些人把人的政治知識的增長過程，看得過份簡單化了，以為不過是一個「灌輸」的過程，好似人們把水灌入一個空桶中一樣，基於這種錯誤的想法，有些當政者誤認只要嚴格控制學校教育的內容與大眾傳播媒介，就可把其精選過的觀念與知識，灌輸給國民，而異己的想法就可排除。事實上，由於人具有自我反省與把接受到的社會「知識」與個人社會經驗對比的能力與衝動，這種「政治知識」獨佔控制

的作風往往會產生適得其反的後果，這可證之於若干共黨國家的情況。

（四）**政治能力的栽培：** 社會化過程中，人的政治能力逐漸被栽培，得以扮演不同的政治角色。最基本的能力是扮演一般性政治角色（公民與選民角色）的能力，兒童期的社會化乃是栽培此種能力的，扮演特殊性角色的能力則在成年期社會化過程中獲得，不過，扮演一般性角色的能力與扮演特殊性角色的能力並不能截然二分，一個具良好能力的公民似乎也較能成為一個稱職的政治人物。

（五）**政治態度的形成：** 在社會化的過程中，人的基本政治態度逐漸形成。從基本政治態度之取向來看，我們也許可以把人民劃分為五類：(1) 支持現制的積極份子（或稱「忠貞」份子）；(2) 支持現制的消極份子（或稱順民）；(3) 反對現制的積極份子（或稱激烈改革者或革命者）；(4) 反對現制的消極份子（或稱犬儒份子）；(5) 既不支持也不反對現制者（冷漠者）。如果從其自左至右的政治態度來分，則大致可按下列圖示（圖 18-1）。

（在圖 18-1 中，自極左至極右共七種態度，而從暴力主義者至反對暴力者又有三種。所謂「暴力主義者」是指其認為行使暴力為政治活動的正當手段，如不少共產黨員與極右派份子，所謂有條件暴力主義者則原則上不贊成使用暴力，但在某種時機下並不排斥使用暴力來達到政治目標。在共產黨與極右派的支持者中，頗不乏其人，中間派

的自由主義者，在十八世紀當其仍屬激進派時，不反對行使暴力——如法國大革命——，如今已反對暴力。）

人的基本政治態度取向，主要是其政治社會化的產物，不過，其他因素也不能忽視，譬如遺傳的因素（一個人對暴力的看法似乎為其環境與遺傳兩者交互作用的結果）。

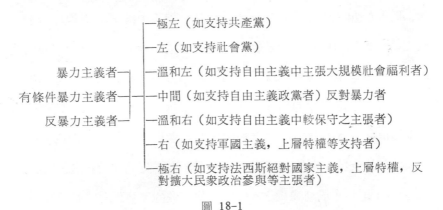

圖 18-1

肆 政治社會化與社會

政治社會化對於整個社會的功能，需從兩個角度去探索。首先，倘若說每一政治體系，當權者都設法藉社會化來達到某些目的，確為事實，至於這些目的是否達到，則屬另一問題，必須根據實徵資料，方可解答❸。

---

❸ 當權者藉政治社會化達到的目的，可能不止一個，譬如一方面旨在使人

大體而言，當權者企圖藉社會化達到的社會目標如后：

（一）政治體系「共識」（consensus）之維繫或獲致：任何政治社會，都必須具有某種程度的「共識」，才能凝結爲一，成爲一個能追求共同目標的整體，「共識」究竟爲何？不少人都有不同的看法，大體說來，政治社會的成員對於政治競爭的規則應有共同的看法，對基本的規範應一體接受，應屬社會繼續生存所必需，此或許可視爲共識的核心。在民主政治已相當進步的國家，這類「共識」已經存在，大多數人對其不致懷疑，但由於當代社會變遷甚速，社會問題層出不窮，故即使在先進民主國家，對這種「共識」持懷疑的人數也在年輕一代中增加，因而，藉政治社會化，來維繫「共識」，減少懷疑主義的影響力，被這些先進國家的當權者或精英份子視爲不可忽視之事。在大多數開發中國家，建立或獲致「共識」成爲當務之急。關於此點的迫切性，我們將在以後討論開發中國家的專章中加以說明。

（二）新一代人認同感的培養：政治社會的存在，仰賴成員對它的認同，政治社會化在使新一代的成員對其產生認同感，此種認同感的培養是透過對象徵性符號（如國旗等）的情感，對基本價值與規範

（續）民忠愛國家，另方面又旨在使民衆支持與擁護其統治，倘若人民感到其統治並不有利於國家時，其社會化目的（第二次）就不成功了。即以美國來說，於一九六〇年代時由於其間部分黑人常感到其政府未能充分實踐所謂「立國原則」（平等與自由等），故對其政制採取排斥的態度，對其法律也不願遵守。

（如憲法中蘊含的價值等）之接受而達成的，而這些都在社會化的過程中獲致。對大多數人而言，社會化過程又能使其行為較能符合某種固定的型式，這是由於人往往有一種「從眾」（conforming）的性格傾向，在政治精英主動的社會化過程中，此傾向被充份運用。

（三）**創新精神的維繫（或壓抑）**：任何社會，倘若過份強調「共識」，或把「共識」的內含作不適當的擴充，或者為培養社會認同而忽略個體的特殊差異性，都足以導致創新活動的減少，人民創新慾望的壓抑，與社會的僵化與停滯。因此，在社會化的過程中，不僅需要重視共識的培養與認同感的維持，也應顧及個人創新精神的維繫與批判能力的發展。然而，在許多社會，精英們往往有意無意間過份重視前者，而忽略後者，這是由於他們過份擔心社會整合的減弱，傳統價值與規範的失勢，或者本身影響力的降低，群眾中出現的對抗精英的崛起，在這種心理下採取的正規的政治社會化之政策，不免具有過強的保守傾向，足以壓抑社會之創新，但這種正規的社會化，未必能發生精英們預期的效果，此因社會化過程有其非正規的一環，當正規的社會化過份具壓抑性時，不甘這種壓抑的心靈往往更能從非正規的社會化過程中，獲得啟發，而奮發其創新的精神。

第十九章　地方政府

政府權力的分配，一方面涉及中央（或全國）政府的各部門（主要為行政與立法兩者），權力的分劃暨彼此間的關係，大體上，有總統制、內閣制、委員制等不同類型的政府。我們已敍述過了。另方面涉及中央與地方政府權力的劃分與兩者間的關係，此為本章的內容。

本章共分四節：（一）中央與地方權力分劃的兩種基本型式：中央集權與地方分權；（二）聯邦國家政府權力的分劃；（三）單一國家政府權力的分劃；（四）主要國家地方政府簡介。

壹　兩種基本型式

世界各國，中央政府與地方政府權力的分配，大抵遵循兩種基本型式之一：中央集權與地方分權。在中央集權的國家，權力主要歸屬中央政府。理論上，地方政府僅為中央政府的分支機構或代理者（agents），沒有本身的權力依據，其行使的一切權力，皆由中央政府授與，中央可以改變或撤銷。典型的中央集權國家為中國與法國。中

國自秦滅六國、統一天下以來，歷代帝王皆強調「大一統」，屬行中央集權，當國勢鼎盛時，政治權力悉歸中央，有時甚至掌握在天子一人之手，當國勢衰弱時，地方割據之局漸漸形成。一旦割據之局結束，中央集權的情形又告恢復。地方分權的觀念，數千年君主專制時代，始終不曾出現過；民國以來，已有人對我國傳統的中央集權感到不滿，孫中山先生的「均權」理論，試圖對中央與地方的權力關係作突破性的改變，他主張地方自治，也旨在給予地方政府某種獨立的權力。此外，民初的「聯省自治」等主張，更是對中央集權的反動。然而，迄今爲止，實際上中國仍爲中央集權的國家；另一典型的中央集權國家爲法國，法國在大革命前，波旁（Bourbon）王朝的君主，就努力削弱封建殘餘，建立一個中央集權國家，至路易十四時，已相當成功，大革命推翻舊體制，但未對中央與地方關係作任何重大的變革。拿破崙稱帝後，中央集權的態勢更盛。目前，法國仍被當作西方國家中，中央集權制的範例。全國的行政，均由巴黎的中央政府決定，全國劃分爲若干省（departments）、郡（arrondissements）等，行政首長均由內政部任命，地方議會對其僅有監督權與建議權而已，而不能制訂其依法必須執行的法規。此外，法國的教育、警政等皆以嚴格的中央集權方式管理。

與中央集權相反的，爲地方分權，所謂地方分權，是指中央政府與地方政府的權職，都由憲法或其他法律嚴格規定，凡是依法屬地方

政府之權，地方政府可在不受中央干預的情形下行使，而中央政府也不得干預。當然，法律規定歸屬地方政府的權，不同國家自不相等。如瑞士，則各邦之權甚大，中央政府的權力反而相當有限；而在有些地方分權國家，則地方政治權力不及瑞士遠甚。然而，無論如何，地方政府之權力必須達相當程度，才是名實相符的地方分權。此外，所謂地方分權制度，並不完全由於地方政府具有相當權力而定，還須以權力的依據來衡量。地方政府的權力並不是來自中央，而有其自己的法定職權依據，才是真正的地方分權。凡是真正的聯邦國家，都是地方分權的政府制度。不過，地方分權並不限於聯邦國家，若干單一制國家，如英國等，也可視為地方分權的國家，因為在這些國家，由於特殊的法律安排，地方政府在若干事務上，都有相當廣大的自主權。雖然，地方分權並不一定僅存在於聯邦制國家，但凡是民主的聯邦國家，無不力行地方分權。從某種意義來看，聯邦制實在是為防止中央集權而設置的。

貳　聯邦國家

理論上，單一國家與聯邦國家的最主要區別，在重要政事的決策權，就前者而言，它統歸中央政府，而在後者，則權力分成兩大類，凡必須屬全國一致的事務者，歸聯邦政府，而其他事務，則各邦政府可作最後決定，在這些領域內，各邦維持其獨立性，它的行動只要與

聯邦政府與其他諸邦協調卽可。目前，聯邦國家共計二十個，其中存立於十八世紀中葉以前者，僅瑞士一國，十八世紀中葉後建國者爲美國，十九世紀中葉以前成立者爲阿根廷、巴西、墨西哥與委內瑞拉等四國，十九世紀中葉後至二十世紀初，又有加拿大、德國（第二次世界大戰後，分爲德意志聯邦共和國（西德），與德意志民主共和國（東德）兩國）、奧地利等。二十世紀初葉至中葉，建立的聯邦國家又有澳洲、印度、巴基斯坦、蘇聯、南斯拉夫等，一九五一年後建立的有馬來西亞、奈及利亞、捷克斯拉夫、喀麥隆與坦桑尼亞。

聯邦國家的產生，比單一國家的產生，更具「政治」意味。單一國家可藉權力慾與強者的武力征服來解釋其成立，國家的維持自然比較複雜，但大體上也可從文化與制度上找尋答案，文化上是民族主義價值的培養，及其他效忠國家、政府、統治者個人及諸種政治符號之情愫的孕育；制度上是中央集權的官僚組織與軍隊組織，來控制人民，鎮壓反叛，貫徹政令與統治者的意志；聯邦國家的產生與存在，就不能藉如此單純的理由來說明。聯邦國家主要產生在三種背景之下：第一種背景是若干相當自主的鄰近地區或邦（州），爲了增強防衞，抵禦外侮，或解決彼此間的紛爭，以促進共同的利益，都願意放棄其自主權的一部份，建立一個聯邦政府，如此一方面剩餘的自主權仍可保留，另方面則可增加力量，獲得更佳的利益。當然，這些地區或邦（州）之能夠推動「聯邦」的觀念並實現它，其先決條件爲彼此

在文化上，社經利益上已有相當程度的共同性，否則草率行事，是不可能成功的。另一種背景是一個大邦，實際上已對鄰近小邦發揮相當的影響力或控制力，它已可用武力來佔據這些小邦，迫其接受單一政府。但如此作法，可能引起反抗或產生其他不良副作用，大邦如不想付出過昂的政治代價，又不願讓這些小邦獨立，則可能利用聯邦制來處理這一問題，小邦如感到獨立必然無望，在不得已就其次的心理下，也會接受聯邦的安排；另一種背景是某一民族，因歷史原因，歷史上已分爲若干小邦，這些小邦都發展出各自的「性格」，其統治階層也各有其旣得利益，一旦此民族在近代民族主義潮流的激盪下，人民期望建立統一的民族國家，但却無法成立單一國家，因爲其各邦的各自「傳統」已根深蒂固，組織聯邦遂成爲其較佳的選擇。第一種背景下建立的聯邦有瑞士與美國。瑞士原爲逃避宗教迫害的法、德、義人民聚居之地，這些人民建立的小邦，爲共同防衞之需，建立聯邦；美國聯邦則爲北美十三州脫離英國獨立後，經過十餘年的經驗反省而締結的。十三州在英國統治時，個別殖民地都與英國聯繫，殖民地之間缺乏政治關係，故雖屬同文同種，但除了欲脫離英國統治爲全體願望外，其他事務彼此意見旣不一致，而利益的衝突也大，尤其大邦與小邦，以商業爲主的地區與以農業爲主的地區、畜牧地區與禁奴地區都極不相容，在這種情況下，十三州爲保護其獨立成果而建立的聯邦（各邦保持極大多數自主權、鬆散的聯合體）完全失敗，此使十三州

若干人士深感有成立聯邦的必要。苟非如此，各州相爭的結果必使商業受損，而彼此利益也難顧及。在這種背景下，美國聯邦遂勉強組成。蘇聯可說是第二類背景下的產物。舊俄沙皇的內陸擴張政策，使大俄羅斯民族建立的俄羅斯帝國能在數百年中，逐漸吞併了烏克蘭人的國家，中亞與外高加索回教民族建立的小邦，波羅的海的小國等，至二十世紀初，俄羅斯帝國境內已有近百少數民族，俄羅斯的武力鎮壓，中央集權官僚體制，與文化方面的俄化政策，逼使少數民族不是傾向獨立，就是支持革命。俄羅斯帝國的衰落，與其少數民族政策的失敗頗有關係。列寧對此點領悟甚深，因此對蘇聯革命成功後的少數民族政策，甚為關心，史達林早年受列寧重視，乃是因為他對少數民族問題曾作研究。

列寧雖對沙俄的民族政策不以為然，但絕無意識讓俄境內少數民族獨立。他指責任何主張獨立者為資產階級的民族主義者。另一方面，列寧認為大俄羅斯民族的優越感必須克制，曾力斥其黨員中具有所謂大俄羅斯民族沙文主義思想者。蘇維埃社會主義共和國聯邦憲法雖准許加盟的共和國（十五個加盟共和國由十五個主要民族及其居地組成。但在若干共和國中的少數民族則又組成自治共和國、自治區等，成為共和國的附屬單位）有權退出聯邦，實際上這權徒具形式而已，自蘇聯立國以後，凡屬有獨立傾向或較堅持自己民族立場的少數民族政治或文化界人士，常遭到整肅、處罰，或流放海外的遭遇。在

史達林當政時期，烏克蘭人，波羅的海沿岸的愛沙尼亞、拉脫維亞與立陶宛人曾經受嚴酷的虐待，蘇共政權爲撲滅其民族獨立的願望，曾流放其精英至西伯利亞，其中不少爲共黨黨員，而第二次世界大戰期間，以極牽強的理由，集體放逐克里米亞韃靼人、伏爾加日耳曼人、加爾曼克人……等民族，並取銷其自治共和國，這些事實證明蘇聯的聯邦制實際是不能與非共國家之聯邦制相提並論的。在前蘇聯，權力集中於莫斯科的情形，不曾因聯邦的外表而有所不同。

　聯邦國家的權力分配，往往在憲法中作原則性的規定。例如在美國憲法中規定聯邦政府的權力限於憲法中特別列舉者。而各州政府則擁有所有保留權力（reserved power）也即未在憲法中列舉明定賦於聯邦政府者；在加拿大憲法中，各省政府擁有憲法中列舉的權力，一切保留權力統歸聯邦政府。然而，我們如欲瞭解在聯邦國家聯邦政府與邦（州、省）政府權力之分配的實情，並不能徒憑憲法條文，因爲憲法條文必須經人詮釋，始能適用於個別的情況，而不同時代的人對一項條文的詮釋不可能一成不變，政治權力是用來處理社會的問題的，在社會改變的過程中，問題的性質改變了，新的問題產生了，原來人們心目中的權力安排如一旦被發現對重要問題的解決甚爲不妥，這種權力安排就可能被摒棄或重新調整。我們試以美國爲例，對此作更詳細的說明：二百年來美國憲政發展，有人認爲是聯邦政府權力日益擴大的過程，而聯邦政府權力的擴大乃是由於社會改變，產生許多

的問題，政府爲謀求這些問題妥當的應付或處理所導致的。憲法初締結時，美國僅爲一個包括十三州的小國，人口僅三百餘萬，位居新大陸，國防與外交的問題都相當單純。事實上，在抵制英國的努力獲得成功後，已可近乎孤立的過自己的生活，二十世紀後，它已成爲一個橫跨西洋的大國，對世界其他地區發生的危機，已不能置身事外，國防與外交，變成其必須特別注重的事務，這類事務當然歸屬聯邦政府，這使聯邦政府的職責大爲加重，其權力也相形增加。除了國外的環境趨於複雜外，美國國內的情勢也發生重大變化，社會高度工業化所產生的許多問題，諸如環境污染等，都不是各州所能獨力處理的，必須仰賴聯邦政府來輔助與解決，這也使聯邦的權力擴增。美國聯邦政府權力的膨脹，使若干人士大爲擔心，深恐聯邦制會慢慢淪爲有名無實，因而他們主張並非絕對需要聯邦政府處理的事務上，盡量保護州權。這類主張，近來頗受民衆歡迎。

叁　單一制國家的權力分劃

如前所述，原則上，單一國家的政府權力劃分，甚爲簡單：一切決策權力都屬中央政府所有，地方政府爲中央政府的代行者而已，倘若在某種領域內，它享有決策權力，此權力也是中央政府爲顧及事實需要而授予的，一旦中央政府感到這種需要已不再存在時，可予以收回。不過，原則儘管如此，實際上，在不同的單一制國家，中央集權的程度大有區別；在若干單一制國家，地方政府在若干領域內享有相當大的決策權與行動權，而且這事已成爲慣例，中央政府儘管依「法」可剝奪這些權力，但爲顧及政治傳統，往往不會如此做，因爲如此作法，勢必引起民衆高度不滿。譬如英國便是一個地方政府享有相當高度自治權的單一制國家，在大多數政策領域，倫敦的巴力門雖爲決策的中心（或者更確切地說巴力門中的內閣），但在有些領域，如國民住宅……等，地方政府的自治權甚大，這類「地方自治」的目的在使一般民衆有更多機會參與政策決定的過程。法國爲一高度中央集權的國家，有人曾說法國學童每日唸的功課之內容也是巴黎的教育部的官僚決定的，這可能言過其實，但也可見其中央集權之甚，不過第二次世界大戰後，法國也作了若干改變，其中央集權程度已比較減少，但與英國相比，法國仍是一個中央權力甚大，而地方政府權力頗小的國家。

我國傳統上爲一中央集權理念甚深的國家，當政府權力穩固時，中央集權的程度必然甚大，否則如地方權力大，必定是由於中央政府無能，致造成「尾大不掉」，而這往往是割據局面的預兆，因而，在傳統中國，中央集權是正常的，否則爲反常：孫中山先生力主地方自治，不僅是希望藉此訓練人民的民主參與能力，而且期盼由此糾正中央過份集權的缺點，並且建立健全的中央地方關係，免於非過度集權卽地方割據的兩難情況。國父有均權理論，均權指按事權的性質來決定事權的歸屬，凡事務有全國一致之性質者，歸中央，有因地制宜的性質者，歸地方，不偏於中央集權與地方分權。

地方自治的原則甚爲重要，但如何實行地方自治，仍屬一值得探討的課題。孫中山先生對此雖有提示，但今日的環境已迥異往昔，將來的情形又與今日大不相同，權力的分割並無一成不變的公式可循，國人實應依據地方自治的基本原則與精神，加以審愼研究，並使政治制度之運作方式，隨社會環境的改變，而作適當的調整。

肆　主要國家地方政府

世上任何國家，皆有地方政府。我們討論地方政府，重點爲地方政府的程度，也即其受中央政府節制的範圍與大小❶。在一般所謂中央集權的國家，如法國，地方政府往往聽命於中央，本身缺乏決策的自由。而在地方分權的國家，地方具有相當的自治，在若干類政策領域內，可與中央分享決策權或者甚至獨享決策權。

在關於地方政府權限的討論中，所謂權力應指基本決策權，並非指行動與一般行政事務決定之權，就後者而言，在任何國家，地方政府必然具有某種程度的權力，因爲即使在一個中央集權的小國或極權國家，今日的社會，也不容許中央政府處理一切事務，某種程度的授權是必需的。

有些「地方政府」學科的學者強調分權（decentralization）與權力分散行使（deconcentration）兩者的區別來說明以上的觀點；所

---

❶　關於美國地方政府，參閱 Henry A. Turner. *American Democracy: State and Local Government* (New York. 1970)；關於英國地方政府，參閱 W. E. Jackson, *Local Government in England and Wales* 2nd ed. (Harmondsworth, 1970).
　　W. A. Robson, *Local Government in Crisis* (London, 1966). 關於法國地方政府，參閱 Mark J. Kesselman, *French Local Government: The Politics of Consensus* (New York, 1967)；關於蘇聯地方政府，則可參閱 *Problems of Communism* 中有關文章。

謂分權，是指地方政府享有若干領域的基本決策權，在民主國家，這都具有地方自治的涵義，地方自治不僅指地方政府享有某些中央不得隨意剝奪的決策權，而且地方政府是由地方上民選人士所控制，行政官員由他們任命，並對其負責的。權力分散行使僅指在許多政策領域，權力的行使，必須交託地方政府，由地方政府依據中央決策的精神與原則，因地制宜去實行。當然，中央的政策，並不一定都交託地方政府行使，有時中央在全國各地設有分支機構，政策由這些機構負責執行，但在許多情形下，交託地方政府行使，比較方便、節省有效，並可避免不少其他的麻煩。

不論是否具有地方自治的精神，地方政府的任務都是雙重的：一方面它負責處理其轄區的個別事務，無論其為自治法規所規定的自治項目，抑或依法所訂的地方政府得自行處理之事務；另方面它秉承中央政府之指示，處理其交辦的事務。如英國的警政，由中央釐定政策，委任地方政府執行。凡中央委託事務，其執行必由中央嚴格控制，俾全國獲一律的執行效果，並由中央提供經費。地方政府，顧名思義，是按地理之分割分權，這是與中央在全國設立分支機構行使權力的原則不同的。

就歷史沿革而言，西方國家與中國地方政府的發展是頗不相同的。中國自秦始皇統一六國，廢封建設郡縣後，所謂地方政府，已成為中央訂立的法規或建制的產物，並無本身自發的權力來源。因此，

在理念上，中國傳統上皆視地方政府純粹爲中央政府的隸屬單位，稟承中央之命辦事，本身應該是被動的，以前中國人做官都想做京官，否則也要當方面大員——即甚大的行政區劃的首長，如總督之類，擔任地方政府的普通官吏，總覺不如擔任中央的普通官吏較有出息。中國歷史上有時中央政府積弱，無法控制全國，地方上的實力人物不理會中央，造成弱幹強枝的局面。但這往往是制度失效的不正常現象，並不能說中國地方政府具有自發的權力基礎。傳統中國，地方政府爲純粹附屬地位，加上其時中國完全缺乏民主的政治程序，使它成爲一個高度中央集權的國家。

　　歐洲在十五至十七世紀現代國家出現前，地方主義的色彩甚爲濃厚。每一市鎮，都是市民自行管理，其各行業的基爾特（guild 類似今日的公會，但功能不盡相同）往往能參與與其成員有關的事務的決定。即使在鄉村，也由當地世家大族處理地方事務，中央的控制甚爲有限，法國在柯爾培（Jean Baptiste Colbert）主政時，中央控制加強，其中央政府派駐各地的監督（intendant）對地方事務的干預頗爲積極。在英國與美國，城市、教區……都有自治的傳統，譬如新英格蘭的市鎮會議，代表民主的草根實踐，也代表強勁的地方自治。在俄國，沙皇利用其官僚嚴格控制地方，在大小都市，沙皇的各省總督對之徹底統制，決不容許市民們有任何自治的傾向，在農村地區，農民雖有傳統的村治組織「公社」（Mir），但實際上，沙皇政府也透過

稅收，警察力量與君主支配的貴族地主（boyars）使其喪失自治的作用。在俄國與法國，至十八世紀，已無任何地方自治為人民固有權利的觀念可言，至十九世紀，地方單位已成為中央的產物，其享有任何權力完全是中央特准，但在英美，地方自治的傳統則未消退。

即使在英美等國，地方自治的繼續維持，也已面臨考驗，地方政府的自主性功能，因現代生活的演變，而有削弱的可能；大體說來，對地方政府的自主構成不利的因素計有：（一）現代通訊的發展使行政工作所需的時間減縮，空間相形縮小；（二）計劃經濟與全國經濟生活中各類統一的標準的需要；（三）全國性政黨的出現；（四）福利國家，全國人民期望政府提供相同的服務與協助；（五）行政工作應用現代科技，使其程序有統一化的需要；（六）國防成為國家的主要政策領域，而國防的需要不僅關係軍事，而且及乎工業、交通……等不同領域，使這些領域都需統一的標準與管理。然而，另一方面，正因為削弱地方政府自主功能的外力甚大，在不少國家，有心人士維護地方政府與自治的欲望也愈熾，而且，現代社會也有一些有利於地方自治與維護地方政府更大自主的因素諸如人民對權力過份集中的官僚濫權的恐懼；地方人民在現代文明壓力下維持其地區個別差異與特性的願望；「多元社會」觀念的深入人心；人民對政治的興趣之提高，並認清參與地方政治程序對大多數人民而言比參與國家大政要實際些。

　　比較各主要國家的地方政府，主要可從法律地位、權力、組織與中央控制四方面去看。以下我們將從這四個角度，比較中、美、英、法、蘇俄的地方政府。

　　㈠**法律地位**：美國地方政府的法律地位甚為複雜，各州州法規定不相同。但大體上有一共同點：即地方政府享有相當高度的自主權，不過該自主權並不能改變其隸屬州政府的地位，而且是由州授予的授權狀(Charter)決定其範圍。並受有關的州的法規所侷限。在美國，一個城市的法律地位由授權狀為基礎，在二十六個州，州議會准予一個城市召集市民代表會自行制定授權狀；在其他各州，市民可從按州法擬定的數個授權狀中任選其一。大凡一個社區，人口達某一數目時，就可申請獲得授權狀，准予設市，市有不同等級，一個小市人口增加至某一數目時，可申請更換授權狀達到升格的目的。在美國，市當局具甚大獨立性，中央與上級的控制甚為有限，但具有司法控制使市政當局的行為符合授權狀的規定。

　　英國的地方政府依據巴力門立法或授權狀取得法律地位，其權力來自立法及對立法的司法詮釋，在中央政府准許的範圍內，地方政府自主權甚大，而中央准許地方自主的事務往往甚多。地方政府的權力中心為地方委員會（Local Council），旣為地方立法機關，也是行政機關，委員皆為民選。中央並不指派地方官吏，雖然地方委員會任命的事務官員資格往往需中央核定。地方政府功能相當龐雜，並不像美

國般單純（因美國有學區委員會，環境衞生區委員會等分擔功能）。

　　法國的地方政府較缺自主性，因其爲一中央集權傳統較深的國家，在各級地方政府之關係上，比英美較重層級。（美國層級最不重視，大城市雖屬州，但常與聯邦直接溝通，往往不理會州政府。）雖然大城市由於一八八四年的改革，享有程度較大的自治，但一般農村的郡（commune）與城鄉混合的縣（département），都受中央嚴格控制，而且地方政府對較低層級者也作行政監督。各縣（département）的縣令（préfet）由中央內政部從職業官僚中委派，並可由中央撤免。城市市長在一八八四年以前也由上級指派，其後至一九六〇年代改爲市議會選舉產生，目前由人民選出，倘若執行公務違法中央可予撤免，甚至縣令也可將其停職一至三月。司法當局對地方政府的控制，也甚嚴格。法國的中央集權飽受抨擊，國內知識份子對之相當不滿，一九六〇年代曾大加改革，但效果仍不理想。主要原因不僅是多年積習難改，官僚的旣得利益難除，而且由於一般民衆（尤其農村民衆）不如英美般熱心政治參與，而且許多溫和的中產階級份子也擔心若干地區民衆對激進主義的支持，可能導致中央與若干地方的政治對立，因而不欲有過份強大的地方政府。

　　前蘇聯的地方政府制度之形成，有三種影響：(一) 沙皇傳統，沙皇時代，中央集權達於頂點，地方政府完全受中央層級控制，地方毫無自主權可言。而且，地方政府皆由地主主持，一八六四年存立的省

政委員會（the zemstvo）之主席幾全部爲地主階級，該委員會由間
接而基於階級差異的不平等選舉所產生，並受沙皇任命的總督所控
制。不過該委員會在教育、公共衞生、社會福利與農業發展上曾推動
相當程度的改革與進步。（二）蘇聯的一九三六年憲法及一九三三年
的城市蘇維埃法規雖授予地方政府在特定領域相當廣泛的裁量權，但
同時也嚴格規定各級地方政府需受徹底的層級控制，決策權力幾全歸
共和國政府（一般性內政事務）及聯邦政府（涉及國家安全與經濟的
事務）。（三）共黨組織的影響滲及社會每一層面，自然也及於地方政
府，共黨特別強調上級控制與嚴格紀律，這也是使地方政府根本無自
主權的重要原因之一。

　　（二）**權力**：大體說來，地方政府中，較高層級者其職責爲財務
與行政監督，提供警政、衞生……等各項服務，並給予較低機關財務
支援。地方政府的行政權來自中央授權與憲法的規定。授權可分爲一
般性與特殊性兩類，例如，美國市政當局自州議會獲得授權狀卽屬前
者；後者指在個別政策領域。

　　在英國，巴力門特殊授權頗爲盛行，此外，一般性立法也授與各
級地方政府各類權力，如一八三五年的市鎮組織法（the Municipal
Corporations Act, 1835）與一九三三年地方政府法（the Local
Government Act, 1933）均爲其著名者。英國立法給予地方政府極
大的採取主動的範圍，在權力授與的領域內，中央的監督往往以司法

為主，並不強調行政監督，地方人民如感到在某一領域應有所行動，可向巴力門申請給予特殊授權，在一般情形下，如財務方面無困難，巴力門往往給予授權，以示尊重地方的意願。

在法國，地方政府依據法律有權為地方利益行動，但其行動是否適當，地方一般公民可在法院申請查究，中央相關部會也可依行政法提出異議，地方政府雖有主動權，但該項主動的範圍常可因私人、民間組織，其他社區的地方政府與中央有關機構的利益衝突而受限；而且，法國又硬性規定，地方政府必須優先履行「義務性」職責——佔預算開支的百分之五十至八十——，然後才可履行地方政府自我裁量的事務，故法國地方政府的自主權遠遜英國。

美國的各郡（county）有特殊性授權，城市則根據授權狀行動，授權狀中各項權力雖一一列出，但範圍却相當廣泛，而且並不着重細節，因此地方政府可因地制宜，以自由裁量的方式來處理問題。美國政治文化，不甚重視層級觀念，擔任過州長者回鄉出任小城市市長者，或聯邦參議員卸任後充當故鄉市民代表者，不乏其人，故所謂上級行政監督，不甚普遍，但法院監督地方當局是否按授權狀或授權法行事則較多。

蘇聯的共和國憲法授權地方政府指導其轄區內文化，政治與經濟建設，以及在聯邦與共和國法律範圍內發佈行政命令，由於蘇聯領土遼闊，地方政府的純粹之行動裁量權雖然頗大，然而其行施過程則受

地方黨書記之監督，在決策上，則地方政府缺乏自主權。

㈢**組織：**英國地方政府組織為地方委員會(Local Council)，為民眾普選產生，任期三至四年。委員會每年選其中一人為主席，任期一年，此人在城市，即為市長（或鎮長）在農村則類似我國之縣長（或鄉長）。我們必須瞭解此制是行政立法合一，為英制的特色。地方政府內部設若干委員小組(committee)，如交通、教育等，各小組由委員會成員組成，每一小組均與純粹事務性的各處(department)的主任(director)（如交通、教育等處）合議事務，並監督與指揮各處。書記(town or county clerk)為處與處之間的聯絡人與協調者，類似我國的縣市政府主任秘書。凡書記及各處主任均由地方委員會雇用，擔任技術性工作，本身並無決策權。

在法國，中央指派的縣令（préfet）常常支配民選的委員會（dé-partement council），在城市中，委員會與市長皆為民選，但中央派一秘書長協助市長。民選委員會中有一常設小組控制地方預算、決算與地方財產的管理，該常設小組的成員與縣令常常衝突，有時縣令受其限制，有時則小組權力事實上被削弱。城市的市長常由委員會一些年資較高而幹練的委員協助處理公務。

美國的制度較複雜，具有各種組織型式：市鎮會議、委員制(commission system)、市政會與市長，及市經理制……等，不一而足。第一類盛行於新英格蘭地區的小城市，由市鎮的納稅人集會決定

主要政策、選舉代表 (selectmen) 與官員、審核預算、控制行政等。在較大城市，此制無法實行。委員制是由小羣民選的委員組成，這些委員組成的委員會相當立法機關，但各委員又各負責一個行政單位，委員制造成權力過份分散，行政效率不佳，故現在已不再盛行。在許多地區，市長與市政會同時選出，此反映行政與立法的分立，許多學者認爲在地方層次易造成精力浪費，不過，在大都市，則可增進行政效率。自一九一〇年代中葉至一九五〇年代中葉，市經理制大行其道，所謂市經理制是指民選的市政會遴派一位市政專家擔任行政首長，此人可指派屬下官員，協調各部門工作，並編列預算，雖然市組織法給予他相當可觀的裁量權與頗高的地位，但他必須與市長（也即市政會的主席）合作，而且受市政會的監督，他無固定任期，倘若市政會對其能力不信任，可決議將其更換。此外，美國地方政府的地位與歐洲不同之點，在於在許多城市，市民都享有創制與複決等權。

在前蘇聯，地方蘇維埃從其成員中選出一個主席團──亦即行政委員會。該會既制訂政策，也負責其執行，蘇維埃則對其提議加以訓論並予批准。行政委員會由專家與其邀請的公民協助執行其任務。由於共黨的影響力甚大，主席團的成員中以共黨黨員居多，但也有少數非共黨籍的專家包括在內。

㈣**中央控制與監督**：中央控制的強度與技術為地方自治限度的指標；在法國與蘇聯，中央控制都相當強烈，往往由中央部會透過地方

的層級自上向下加以節制。就控制技術而言，上級訓令、干預、糾正，在法蘇等國司空見慣，在英國則甚少一般性的糾正與訓令，但如涉及某一巴力門立法的事務，則中央主管官署對執行委辦該事務不力的地方政府訓令或糾正，並不是沒有的。懲戒為另一種較嚴厲的控制技術，在英國懲戒相當有力，但也限於在個別事務上，一般性的懲戒則不多，在法國則中央政府可對其認為效率不佳或未盡職責的地方政府作一般性懲戒，在前蘇聯，懲戒既嚴厲又廣泛；在美國，行政懲戒甚少，僅限於聯邦政府提供經費支援的事務，如社會福利與公共工程等，偶爾也可能發生在州以經費支援的領域，如教育、公路工程與醫院建造等。

另一種控制方法是呈遞報告，在各國，幾乎都規定地方政府須呈送報告給上級政府，但在歐洲各國，凡地方政府一切施政都須報告中央。在美國，僅限於聯邦或州以經費支援之事項，但在若干州，依州憲法地方政府必須報告州議會地方收支情況，以避免濫收稅款情事的發生。

中央政府派員審查地方財務在英國為中央控制地方最有力的方法，在法國與蘇聯，審查是層級執行的。美國這種審查甚為少見，在若干州，州議會如認為必要，可能偶爾審查某一地方之財務。中央設視察，巡視地方政府，是英國實行已久的制度，英國的視察制相當科學化而有效率，其視察官不僅調查而且協助地方行政，並擔任中央與地方間橋樑的角色。法蘇也重視視察，但由於其中央集權的特性，視

察純然爲中央監督地方的人員，不似英國的視察能發揮多方面作用。美國視察甚少，僅限於中央或州財力支援之事務。

人事爲中央控制另一方法。在英國中央對少數重要的地方官職制定人事規則，決定其任用資格；在法國，自一九四五年起把縣令變爲行政官僚的一員，擔任縣令之人必須在有名的國家行政學院（Ecole Nationale d'Administration）畢業，其服務是數年在中央，然後調地方，數年後，又調回中央……。在美國，地方政府的人事甚少受到聯邦的影響，在少數州，州政府對較低級政府的人事有一些影響，但也不甚大。不過，目前美國地方政府的人員大部份也已屬於職業文官系統，政治酬庸的任命已愈來愈少，但文官任命爲地方政府自己的事，聯邦與州政府無權指派。

司法控制也是中央控制的一種。在英美，地方政府官員的不法與失職行爲，人民可在普通法院控告，在法國，則由行政法院處理這類案件，蘇聯則不能直接訴之法院，但可訴之其行政上級或檢察官署。

中央對地方監督的方法有(1)行政監督：地方對自己興革的事可以自己計劃，但實施前必須獲得中央主管機關的核准；(2)立法監督；(3)財政監督：地方概算的審核與支出的稽查之權均屬中央；(4)司法監督。

參 閱 書 目

壹、中 文

易君博　政治學論文集：理論與方法（臺北　民國 64 年）

袁頌西　「當代政治學中理論建構的方法及其問題」政治學報　第十期　民國 71 年

　　　　「兒童與政治」　政治學報　第二期　民國 60 年

胡佛等　「權力的價值取向：概念架構的建構與評估」社會科學論叢　第 27 輯　民國 67 年

呂亞力　政治學方法論　（臺北　民國 68 年）

陳義彥　「臺灣地區大學生政治社會化之研究」　嘉新文化叢書第 364 種 民國 67 年

曾濟羣　中華民國立法院的組織及職權的分析　（臺北　民國 64 年）

陳陽德　臺灣地方民選領導人物的變動　（臺北　民國 65 年）

江炳倫　政治發展的理論　（臺北　民國 61 年）

蕭公權　中國政治思想史　（臺北　民國 71 年）

薩孟武　中國政治思想史　（臺北　民國 61 年）

鄒文海　比較憲法　（臺北　民國 54 年）

蔡政文　核子時代國際關係的特質　（臺北　民國 68 年）

貳、英 文

Almond, Gabrial and James S. Coleman, eds. *The Politics of De-*

veloping Areas (Princeton, 1960).

Almond, and Sidney Verba, *The Civic Culture* (Boston, 1965).

Almond, and G. Bingham Powell, *Comparative Politics: A Developmental Approach* (Boston, 1966).

Almond, *Political Development* (Boston, 1970).

Apter, David. *The Politics of Modernization* (Chicago, 1960).

Apter, *Choice and the Politics of Allocation* (New Haven, 1971).

Crozier, M., *The Bureaucratic Phenomenon* (Chicago, 1964).

Dahl, Robert, *Who Governs? Democracy and Power in an American City* (New Haven, 1961).

Dahl, *Polyarchy: Participation and Opposition* (New Haven, 1971).

Dahl, *A Preface to Democratic Theory* (Chicago, 1956).

Dahl, ed. *Political Opposition in Western Democracies* (New Haven, 1966).

Deutsch, Karl., *Nationalism and Social Communication* 2nd ed. (Cambridge, Mass, 1966).

Deutsch, *The Nerves of Government* (New York, 1963).

Duverger, Maurice, *Political Parties* (New York, 1963).

Duverger, *The Idea of Politics* (Chicago, 1964). (張復民譯　政治之解析)

Easton, David., *The Political System* (New York, 1953).

Easton, *A Framework for Political Analysis* (Englewood Cliffs, N. J., 1965).

Easton, *A Systems Analysis of Political Life* (New York, 1965).

Edelman, M., *The Symbolic Uses of Politics* (Urbana, Ill., 1964).

Eulau, H., *The Behavioral Persuasion in Politics* (New York, 1963).

Geertz, C. ed., *Old Societies and New States* (Glencoe, Ill., 1963).

Huntington, S., *Political Order in Changing Societies* (New Haven, 1968).

Huntington, and Joan Nelson, *No Easy Choice* (Cambridge, Mass., 1976).

Lane, Robert, *Political Life* (Glencoe, Ill., 1959).

Langton, Kenneth, *Political Socialization* (New York, 1969).

Lasswell, Harold, *Politics: Who Get What, When, How?* (New York, 1936).

Lasswell, and Abraham Kaplan, *Power and Society: A Framework for Political Inquiry* (New Haven, 1950).

Lasswell, *The Future of Political Science* (New Haven, 1963).

Lindblom, Charles, *The Policy-Making Process* (Englewood Cliffs, N. J., 1968).

Lipset, S. M., *Political Man* (Garden City, N. J., 1959).

Parsons, T. and E. Shils, eds., *Toward A General Theory of Action* (Cambridge, Mass., 1951).

Pitkin, H., *The Concept of Representation* (Berkeley, 1967).

Polsby, N., *Congress and the Presidency* (Englewood Cliffs, N. J., 1964).

Riggs, Fred. *Administration in Developing Countries: The Theory of Prismatic Society* (Boston, 1964).

Pye, Lucian., *Aspects of Political Development* (Boston, 1966).

Weber, Max, *The Methodology of Social Science* (Glencoe, Ill., 1949).

Weber, *Economy and Society* (New York, 1968).

◎ 政治學概要

劉書彬／著

　　亞里斯多德說：「人是政治動物。」本書嘗試以深入淺出的筆調講解政治學的基本概念原則，並以臺灣遭遇的事件為例，期盼經由本書的出版，協助讀者建立對政治學的興趣及基本的民主法治知識，進而能夠觀察、參與政治，落實自律、自主的民主理想。

◎ 日本政治制度

許介鱗、楊鈞池／著

　　從一九四五年到二〇〇五年的六十年當中，日本在政治、經濟、社會、文化等各方面產生很大的變化。二戰後在美國的指導下，日本建立了一套合乎國際要求的政治制度，現在又在以美國為首的國際壓力下，面臨重大的改變，在「自由化」、「國際化」的口號下，進行了「法制化」的結構改革，政治制度也隨之變形。作者經年觀察日本政治，論述精闢，並補充當前最為熱門的話題，幫助讀者掌握最新發展。

◎ 全球化與臺灣社會：

人權、法律與社會學的觀照　朱柔若／著

　　本書首先以全球化與勞工、人權、法律開場，依序檢視全球化與民主法治、全球化與跨國流動、全球化與性別平權，以及全球化與醫療人權等面向下的多重議題，平實檢討臺灣社會在全球化的衝擊之下所展現的多元面貌與所面對的多元議題。

◎ 教育社會學

陳奎憙／著

　　本書主要是為準備從事教育工作的教育院系學生而寫，也可供社會學系學生與在職教師閱讀、研究參考之用。書中除詳細介紹「教育社會學理論」、「教育的社會環境」、「教育機會均等」等主題，並運用現代社會科學理論來分析「教育制度」、「學校社會組織」與「班級社會體系」，更具體探討「教學方法」、「教育專業」、「師生關係」、「青少年次文化」等重要議題。

◎ 都市社會學

王佳煌／著

　　在人口極度密集的臺灣，幾乎所有人都曾經在都市中生活過。都市生活的問題、議題與各種驚人的統計數字，在在引發都市社會學的想像。作者生長在臺灣，也棲身於都市之中，因此除了理論的介紹外，還著重解讀臺灣的各種都市社會現象，並以不同的「城市」觀點，剖析都市社會學的種種面貌。

◎ 社會學概論——蘇菲與佛諾那斯的生活世界

王崇名／著

　　蘇菲 (Sophia) 與佛諾那斯 (Phronesis) 皆源自於希臘文，分別代表了「知識」與「實踐」的意思。社會學不能僅止於蘇菲的世界，還必須兼具佛諾那斯——基於自我認識的強烈欲求而生的實踐。本書即是要教大家如何從切身的日常生活出發，來認識與實踐「社會學」，這是國內社會學書籍中前所未見的大膽嘗試。

◎ 行政學

吳瓊恩／著

　　自六〇年代起，我國行政學已發展將近五十年之久。本書宏旨即在因應本學科的特性，透過吸收西方理論的精華，而以哲學的角度透析理論的預設及條件，並批判過度理性主義的謬誤，藉此擺脫韋伯預言的「鐵的牢籠」，從而提出具有人文特色亦即中國式的行政學理論,允為治行政學研究者最重要的參考依據。

◎ 行政法導論

李震山／著

　　本書共分為基礎、組織、人員、作用、救濟等五大部分。論述內容除尊重以行政處分為中心之既有研究成果外，並強烈呼應以人權保障為重心，重視行政程序的現代行政法學思緒。因此，除傳統行政法議題之介紹外，行政指導、行政契約、行政計畫、行政資訊公開、行政判斷與預測、行政聽證、行政調查等皆有所著墨。

◎ 中國外交史——本質與事件、衝擊與回應

藍玉春／著

　　本書涵蓋中國四個階段的對外關係：天朝體系崩解的大清朝、新中國舊問題的中華民國在大陸、先是從中國看世界，然後從世界看中國的中華人民共和國、挫折能量總爆發及再積蓄的中華民國在臺灣。期間並穿插【歷史照妖鏡】、【回到過去】、【百年之後】、【大哉問】單元，以便讀者思索及認知。